歴史文化ライブラリー
612

よみがえる東北の城

考古学からみた中世城館

飯村 均

目　次

遺跡としての城館——プロローグ

城館の発掘調査

福島県郡山市で高速道路建設に伴う発掘調査にかかわったことがあり、その一つが木村館という遺跡であった。遺跡というのは、当然であるが、いわゆる「城館」に関わる遺構もあるが、旧石器時代から近世・近代まで多様な遺構が発見されることが通例である。木村館は、中世においては田村荘（現・福島県郡山市・田村市・三春町・小野町）に位置し、東西四〇〇《メートル》、南北五〇〇《メートル》の大規模な山城である。その約一〇分の一を調査した。調査では平場《ひらば》（曲輪）三五ケ所をはじめとして、掘立柱《ほったてばしら》建物《たてもの》・柵《さく》・土坑《どこう》・井戸・溝跡・ピット群・土塁《どるい》・堀・門・枡形虎口《ますがたこぐち》・石垣・石列・道などさまざまな遺構を検出している。比高差約七〇《メートル》の急俊な丘陵に、きわめて小規模な数十平方《メートル》程度の平場を、階段状にたくさん作る特徴がある。館としての機能時期は、十六世紀中葉から末と考えられている。

調査で古期と新期の二時期に分けられることが明らかになり、古期は十六世紀中葉から後半とされ、城域Aにほぼ限定でき、「字子コヤ」付近までを根小屋集落とした館跡と推定された。この段階の城跡の規模・構造は、田村地方の村落領主の居館型山城《きよかんがたやまじろ》（後述）の典型といえる。つまり、前期木村館は三春田村氏を上位権力とする、木村氏という村落領主の山城と考えられた。

十六世紀末の新期は現在の木村神社を頂点として、城域を約二〇倍に拡大し、大量の平場を創出、石垣・石列や横堀《たてぼり》・竪土塁《たてどるい》・枡形虎口などを多用した大規模山城となる。この存続期間は短く、天正十年代と推定され、その下限は天正十八年（一五九〇）とされている。城として機能を停止する段階で、「破却《はきやく》」行為が行われたことが、調査で確認されている。その調査所見と歴史的状況から、伊達氏を上位権力とした、田村家中の実質的第一人者である橋本刑部《はしもとぎようぶ》を築城主体に推定している。これは伊達氏と蘆名《あしな》氏の極度な軍事的緊張関係の中で生まれた、高度に戦略的な山城と評価されている（図1－1）。

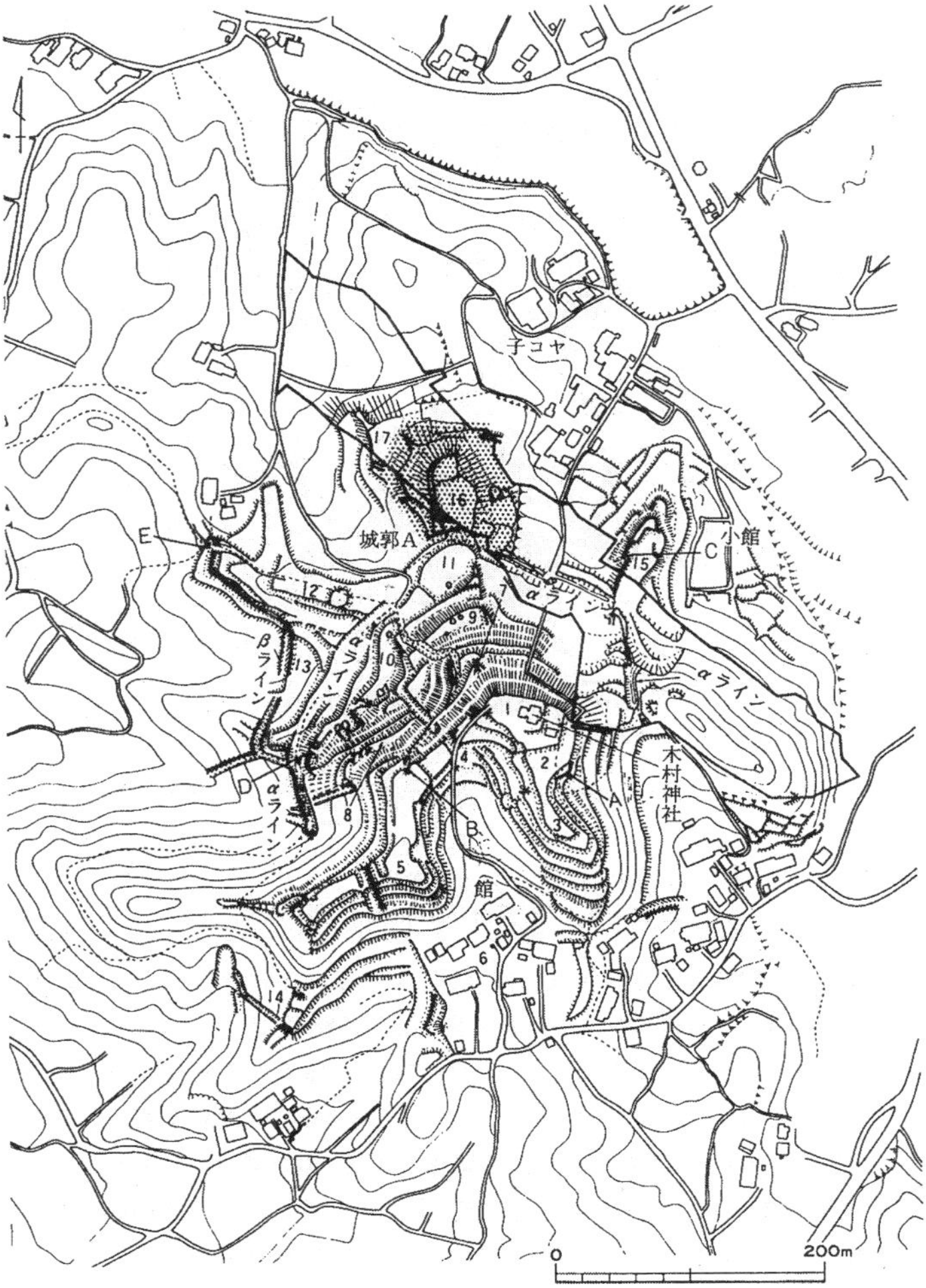

図1－1　木村館縄張図（千田嘉博原図，飯村均2009より）

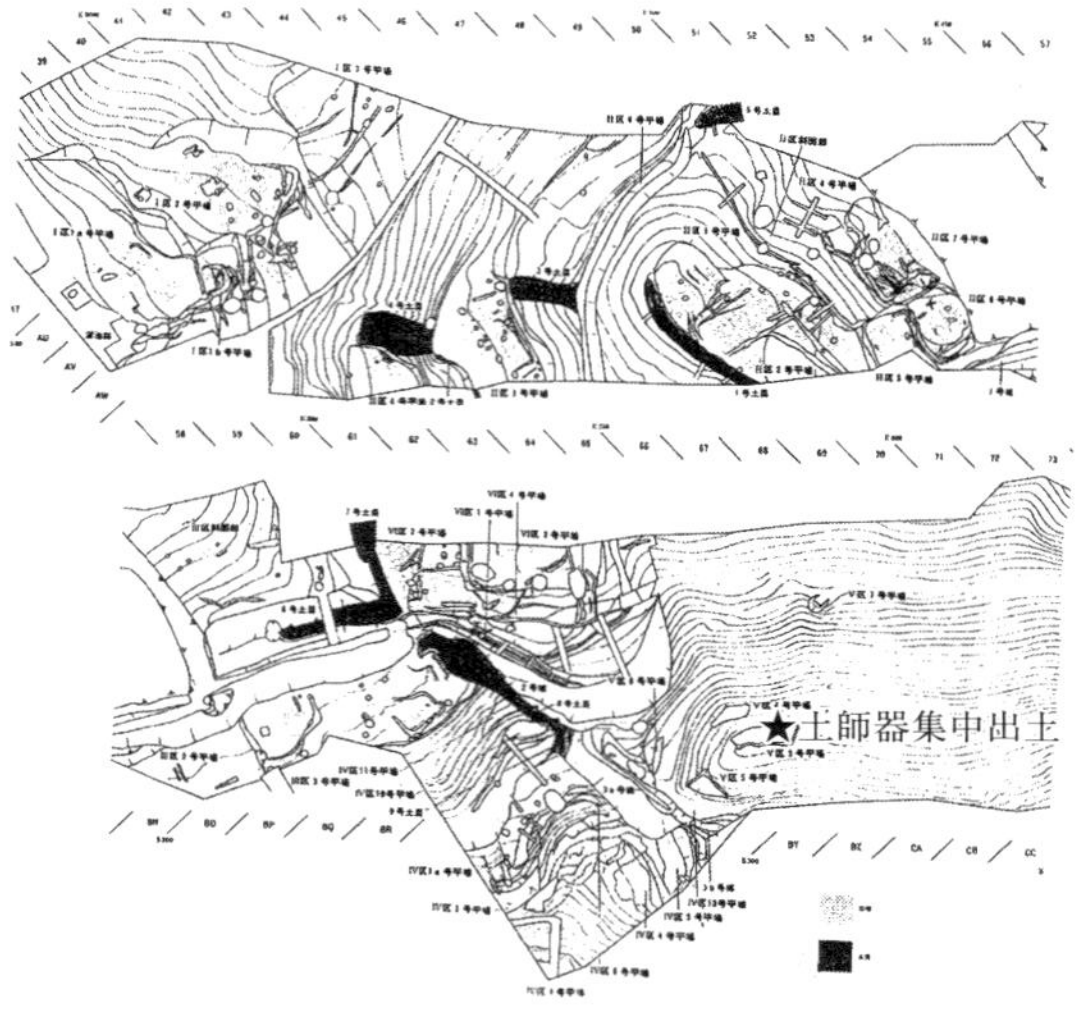

図1－2　木村館調査区内平場配置図（飯村均2009より）

古代の木村館

この木村館からは、古代と近世の遺構・遺物も確認されている。Ｖ区3号平場から出土した九世紀の年代とされる土《は》師器《じき》杯《つき》は、煤が付着しており、灯明に使用されたことが明らかである。墨書のあるものや、底部が穿孔《せんこう》されたものもある。約一一個体が自然地形に近い尾根部の平場からまとまって出土し、祭祀的な性格が想定されている。これは、現在も村社である「木村神社」に連なる尾根であり、「木村神社」を頂点とした新期木村館が築かれた山陵全体が、平安時代以降、地域の信仰の場——聖地——であったことを示している（図1－2）。

古期木村館は、在地支配の拠点としての村落領主の山城として、「聖なる山」に連なる丘陵端部に作られた。つまり、古くから地域信仰の対象となっていた「聖なる山」を背景として、地域支配の拠点を作ったと評価できる。その領主と領民の精神的紐帯の表徴である「聖なる山」は、伊達政宗と蘆名氏との軍事的緊張関係の高まりにより、山城に取り込まれ、山稜全体が戦略的な大規模山城に改変されることとなった。これが新期木村館である。

二つの木村館と破却

豊臣秀吉の奥州仕置により軍事的な緊張関係が解消して以降、破却された枡形虎口と横《よこ》堀《ぼり》ライン（αライン　図1－1）の「総囲み」の内側は利用されていない。しかし、Ⅱ区1～3平場は、十七世紀中葉から寺院などの宗教施設として、再利用し始められることが、確認されている。また、丘陵頂部の平場を利用して近世になって祭られた木村神社は、現在も木村地区の社として信仰を集めている。

記憶・記録に残った木村館

古期木村館および木村氏に関わる伝承・記録は少なからずあるが、大規模化された新期木村館に関わる伝承・記録はない。文書調査をした阿部俊夫によると、代々庄屋を務めた家柄である郡山市西田町の会田家文書に含まれていた二冊の村明細帳、元禄十四年（一七〇一）、『木村石高調』、嘉永三年（一八五〇）『木村明細帳上帳』（『郡山市史第8巻』一九七三所収）の記述から、「村民が木村館をどのように語り継いできたのか」を明らかにしている。

木村氏が滅亡して約二六〇年後の伝承であるが、木村氏が滅亡して以降も機能していたことが発掘調査でわかった木村館が、木村氏が滅亡した時点で「廃館」と伝えられているのは、「村民が新たな領主よりは本来の館主である木村氏を強く意識していたからで」あるとしている。地域に根差して、領民から親しまれた領主の館である「木村館」は、長く地域住民の記憶に残っているが、外部勢力である伊達氏が築城した軍事的な山城（新期木村館）は、大規模であっても、地域住民の記憶に残ることがなく忘れ去られたのである。

城館という遺跡

木村館という遺跡のすべてが中世城館の遺跡というわけではないのは明らかであり、発掘調査の結果、古代・中世・近世の遺跡であることがわかる。そして、城館のあった場を、それ以前・以降の遺跡として見ると、山城が築城された山全体が本来は信仰の対象であり、城館としての機能を失った後も宗教的な場となったことが理解できる。つまり、地域の人々の信仰を集めるような場に、城館が作られたと理解することができる。遺跡の調査を通して、「城館が本来何だったか」を考えさせてくれる事例である。

繰り返しになるが、考古学の立場からすると、城館という単独の遺跡はほぼ存在せず、旧石器時代から近代までの遺跡の中に、中世城館という特異な遺跡があるということであり、遺跡として調査した結果として、城館という評価が初めて可能なのである。

私達は自明のこととしていないだろうか？「○○城跡」「××館跡」という名前の遺跡があれば、それは「城館」であると決めつけて、一つの先入観を持っていると感じることがある。つまり、土塁や堀に囲まれた空間を仮に城館と定義した場合、それをすべて「城館である」とする先入観を持ってしまうと、遺跡としては評価を誤ってしまうと感じることが多い。

「KURUWA」

工藤清泰《きよひと》は、自ら調査した青森県浪岡城跡の調査成果などから、曲輪《くるわ》を「KURUWA」と表記して、曲輪とは何かを問題提起している。しかし、これに対する正面からの積極的な回答はなされていない。その後に工藤は城館を「村落から都市に発展する一階梯の構築物」と定義している（図2－1）。先入観にとらわれず、地域の城館を地域の視点で調査した結果であろう。

また、「曲輪」という用語も城郭研究上では使われるが、本来の考古学の用語ではなく、定義さえされていない。発掘調査された遺構に、定義されていない「曲輪」という名称を

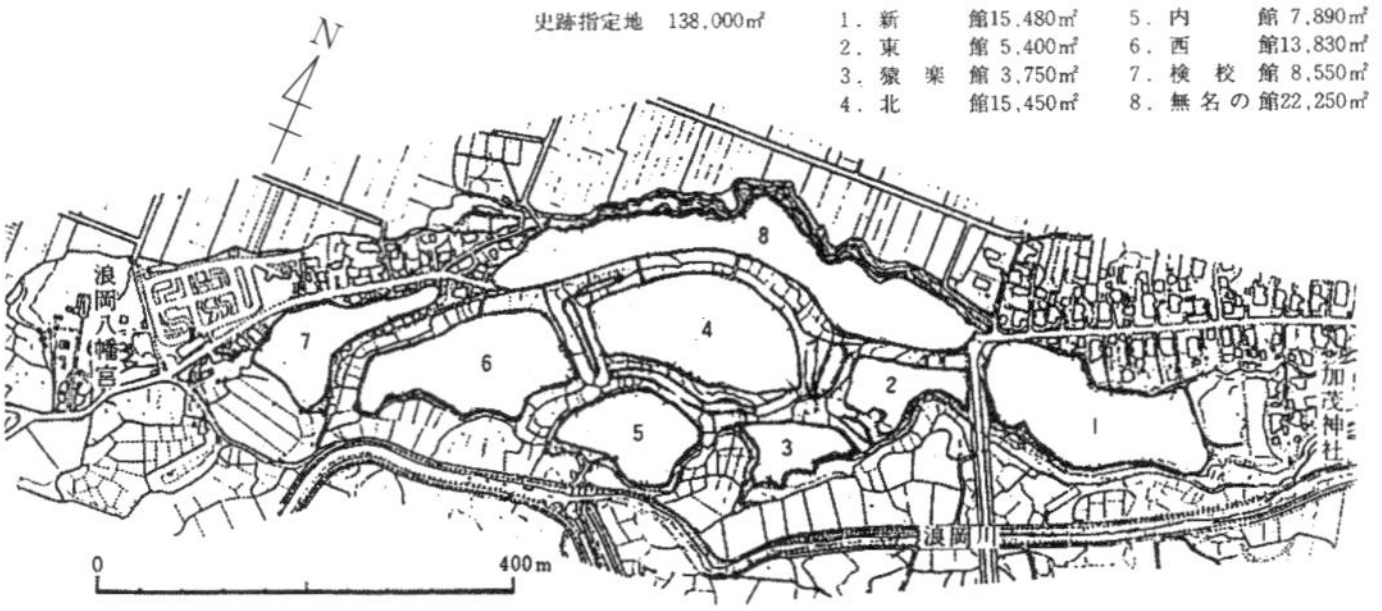

図２－１　浪岡城地形図・地籍図（浪岡町史編纂委員会2004より）

無批判に使っている。工藤は、これに問題提起をしたのである。もちろん、「虎口《こぐち》」や「切岸《きりぎし》」などの用語も、城郭研究の用語であり、定義はされていなかった。その意味では、借り物である上に、考古学側では定義なく用語として受け入れたのである。実は、「城館」についても未だに明確な定義がないが、「堀や土塁・切岸で区画された空間」というふうに、私は現段階では考えている。前述の木村館跡では「曲輪」を「平場」と呼称して、普通名詞で呼称しようと試みている。文化庁記念物課で二〇一三年に刊行した『発掘調査のてびき—各種遺跡調査編—』では、「虎口」を「出入口」と呼称し、やはり普通名詞化を図っている。

遺跡が語る奥羽の城館

私が学生の頃に学んだ城館のイメージは、一九三六年刊行の大類《おおるい》伸《のぶる》・鳥羽正雄の名著『日本城郭史』に拠るところが大きく、軍事的、政治的な施設と考えてきた。しかし、奥羽の城館の調査に自ら関わってみると、必ずしも軍事的・政治的な側面だけでは評価できず、空間構成や生活文化、あるいは民衆という視点から城館という場を考えることができることがわかった。そこで、先入観にとらわれず遺跡を評価するために、遺構・遺物から城館を評価すべきと考えた。その意味では、前述の城館に関する用語の問題も、遺跡を客観的に評価する上では、必要であると考えている。

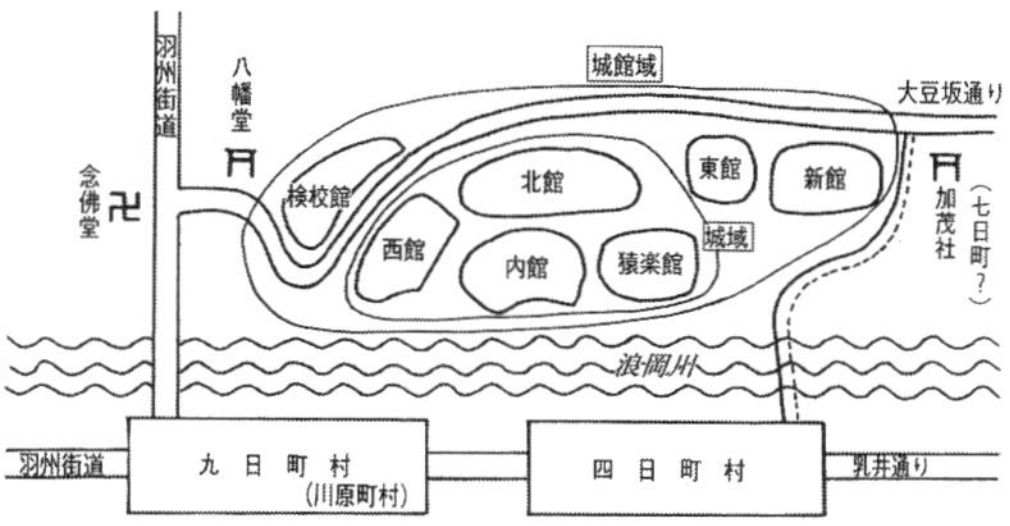

図２－２　浪岡城概念図（浪岡町史編纂委員会2004より）

　特に、考古学的な城館調査の成果は、奥羽では城館の種類や年代、あるいは共通性や地域性が明らかになってきたように思う。かつて、戦国期城郭の地域性を検討した千田《せんだ》嘉博《よしひろ》は、東北から関東の城郭を東国館屋敷型と称し、青森県浪岡城を代表例して「求心性が乏しい城郭で、連接する曲輪が連携して防御する意図が弱く、並立的なプランであった」と評価した（図２－２）。そして、奥羽では古代から堀に囲われた館や集落が存在し、「これを原型として中世の東国館屋敷型城郭が成立した」と指摘し、「戦国期の館屋敷型城郭の出現は、まさに東国の中世社会の特色を背景に生み出されたと評価」した。この指摘は、奥羽の城館を評価する上では、今でも一定の有効性があると考えているが、さらに調査が進展した現在では、時間的、空間的に、より詳細な検討ができるようになったと考えている。

以上のような視点から本書は、奥羽の城館を、考古学の調査成果から、通史的に見通すという試みである。近年の調査成果としては、十一〜十二世紀の城館の調査・研究であり、室町時代の「居館型山城」の出現である。さらには、方形館を基調とする「御所」体制であり、戦国大名の本拠の形態である。

天正十八年（一五九〇）の豊臣秀吉による領土仕置である奥羽仕置以降、豊臣大名が入部し、いわゆる「織豊系城郭」の技術が導入され、統一権力に組み入れられ、近世城郭化していくという道筋を辿ることは全国的な状況と大きく変わらない。そこで、本書では豊臣大名による城館の改修や築城についても触れたが、基本的に奥州仕置までの記述を主とすることとした。なお、私のフィールド関係から、陸奥南部が中心なったことは、ご理解いただきたい。

城館の系譜

古代の城館とは

城館の成立

城館の系譜には、堀や土塁《どるい》・切岸《きりぎし》で区画された拠点的集落や、首長層《しゅちょう》の居宅《きょたく》があり、弥生時代の環壕《かんごう》集落や古墳時代の豪族居館との関係が指摘されている。しかし、直接的な系譜関係が立証できない現在、階層的な身分関係、あるいは社会的な緊張関係を有する、類似した社会状況から発生する、人類史に普遍的な遺跡とも評価できる。

つまり、身分表徴や領域・境界表示、あるいは社会的緊張関係の中での共同体の標識――軍事的な意味を含めて――として、結果的に類似した遺構を営んでいると考えることもできる。したがって現段階では、中世城館と時間的・構造的により直接的な系譜関係が指摘できる、古代の遺跡にその発生を考える必要がある。

古代の城館

八・九世紀には、大型の掘立柱建物《ほったてばしらたてもの》跡と倉庫建物で構成され、広場などを持ち、方形の屋敷地を有する「村落首長」の「居宅」が普遍的に成立する。この「村落首長」の「居宅」は、東国では明確な区画施設を持たないが、畿内では身分標識としての区画施設を有する例があり、また「官衙風建物配置」をとる事例も各地でみられ、「村落首長」が地方官人としての性格も合わせ持っていたと考えられる。したがって、集落から発生してきた首長層の居宅が、政治的・軍事的性格を強めつつ「城館」の一つの系譜となりうるだろう。

十世紀以降、律令国家体制の衰退とともに地方官人の系譜を引く「村落首長」は、在地開発領主として、その階層性・政治性を強めていくと予測されるが、遺跡の調査例が少なく、その変遷過程を明確にはできない。その後、沖積地に立地する遺跡や、溝で区画された十一世紀の遺跡が出現する。

一方、律令国家の直接的な支配を受けなかった陸奥北部・出羽北部では、十・十一世紀に、丘陵上や台地上に堀や土塁で囲郭《いかく》された、カマドを持つ竪穴建物を主体とする集落が成立する。この集落は「防御性集落《ぼうぎょせいしゅうらく》」と呼ばれている。その特有の土器様式と豊かな漆器・木器・金属器の文化をみると、律令国家の東北経営の結果もたらされた技術を受容し、高度な手工業生産技術を導入して発展した結果、成立した集落と評価するべきである。

陸奥国府・多賀城

奥羽の城館の系譜を考える上で、まず直接的な関係を想起されるのは、古代の城柵官《じょうさくかん》衙《が》であろう。陸奥国の国司が政務を司る施設の陸奥国府《こくふ》である、宮城県の多賀城《たがじょう》は、仙台平野を一望できる丘陵上にあり、いびつな四角形の範囲を、東辺約一〇五〇メートル、南辺約八七〇メートル、西辺約六六〇メートル、北辺約七八〇メートルの築地塀《ついじべい》と材木塀《ざいもくべい》で区画され、南・北・東には門が開いている。当時は「大垣《おおがき》」と呼ばれていた。

多賀城のほぼ中央に東西一〇三メートル、南北一一六メートルの長方形の築地塀を巡らせた政庁があり、国司が政務や饗宴を行ったとされる政庁内部には、正殿《せいでん》・脇殿《わきでん》・後殿《こうでん》・楼《ろう》などが計画的に配置されている（図3）。神亀元年（七二四）には創建され、十一世紀前半まで存続したと推定されている。陸奥国府であり、奈良時代には兵士などの指揮・監督をする役所である鎮守府《ちんじゅふ》も置かれ、蝦夷《えみし》対策で置かれた東北各地の城柵を管轄する城柵でもあったと考えられている。国府でもあるが軍事的な機能もあり、築地塀や材木塀で囲われて、中央に築地塀に囲われた政庁がある構造は、中世城館の系譜になりうると考えられる。

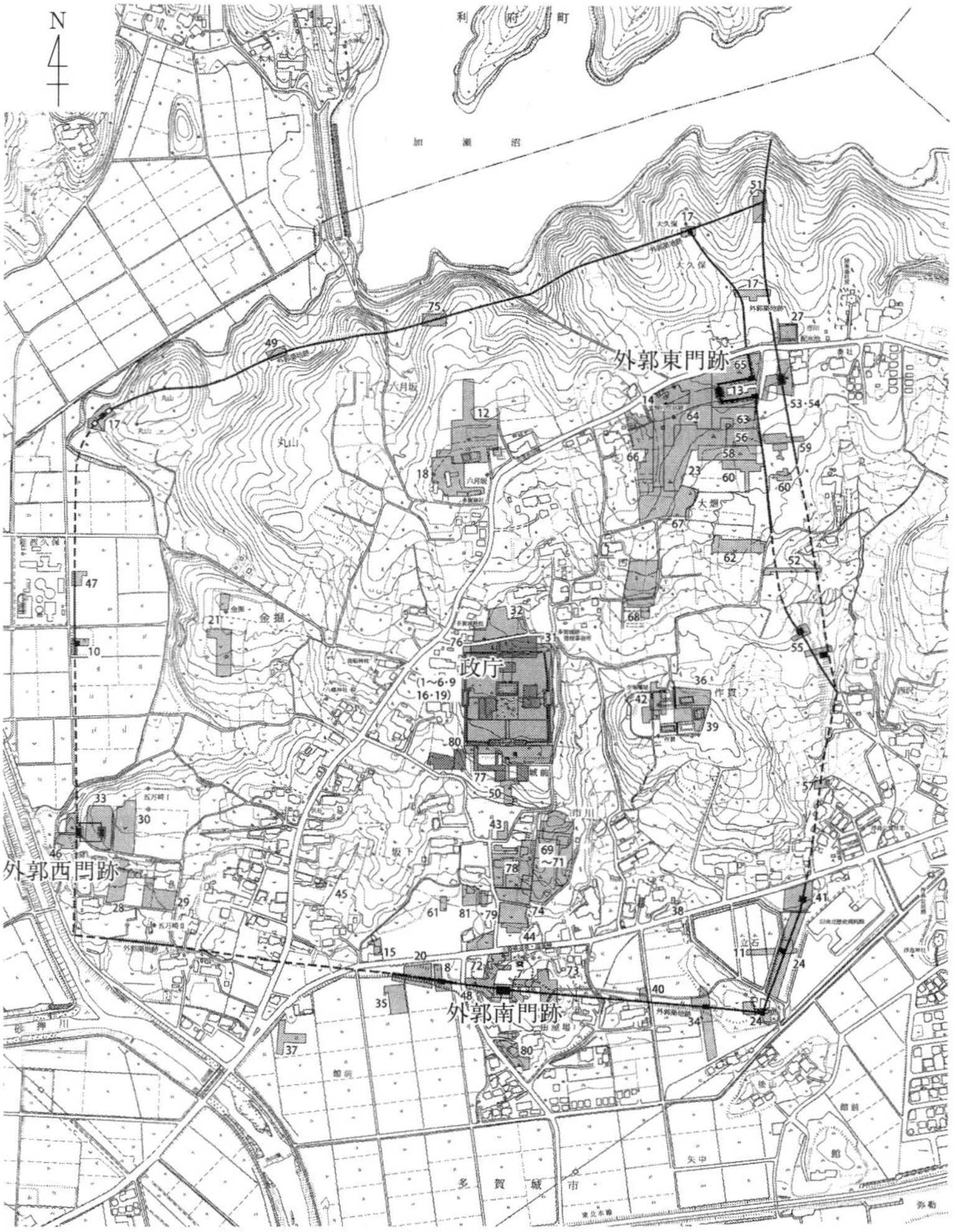

図３　多賀城（古川一明他2010より）

十一世紀の柵

前九年・後三年合戦

平安時代後期に奥羽で起きた二大合戦である。奥六郡《おくろくぐん》（現・岩手県奥州市～盛岡市）を領していた安倍頼時《よりとき》を、国司として下向した源頼義《よりよし》が、出羽山北《せんぼく》（横手盆地の仙北・平鹿・雄勝郡の三郡）の清原氏の支援を得て滅ぼしたのが、前九年合戦《ぜんくねんかっせん》とされる。頼義が下向した永承六年（一〇五一）から、安倍氏が滅亡した康平五年（一〇六二）まで続いた。後三年合戦《ごさんねんかっせん》は、清原氏一族の内紛に端を発して、陸奥守源義家《よしいえ》が介入して起きた戦乱である。永保三年（一〇八三）に始まり、寛治元年（一〇八七）に清原氏が滅亡して、終結した。清原氏の旧領は、平泉藤原氏の祖となる清原（藤原）清衡《きよひら》に継承された。

『陸奥話記』にある安倍氏の柵

前九年合戦の様子を記した『陸奥話記《むつわき》』（平安時代後期成立）に記載されている安倍氏の十二柵の一つとされる鳥海《とのみ》柵は、律令制下で陸奥中部に置かれた六郡である「奥六郡」と呼ばれた地域にあり、北上低地帯にあり、北上川と胆沢《いさわ》川に浸食された比高差一〇メートルの河岸段丘面に立地している。柵跡は南北約五〇〇メートル、東西約三〇〇メートルの規模で、東西の三条の谷で開析され、三つの台地に分割され、北から「縦街道南《たてかいどうみなみ》（伝三の丸）」「原添下《はらそえした》（伝二の丸）」「鳥海《とのみ》（伝本丸）」と区域が分けられる。三条の谷は自然の谷に人工的に加工された「堀」であったことが指摘されている。

鳥海柵の南東に二キロの胆沢川の南岸に、陸奥国の軍制を司り、奥六郡を管轄した鎮守府《ちんじゅふ》胆沢《いさわ》城があり、九世紀に成立し十世紀後半頃まで存続していた。鳥海柵跡から見ると、見下ろす位置となる（図4―1）。鳥海柵跡はまさに前九年合戦の十一世紀前半から中頃まで存続し、「縦街道南」では二間三間四面の大型掘立柱建物《ほったてばしらたてもの》があり、前九年合戦の時期の「安倍氏の館」と推定されている。

十一世紀中頃になると、L字形に堀で区画された中に、大型の掘立柱建物跡や竪穴建物跡があり、櫓《やぐら》や柵も確認され、その西部でも複数の柵や門で区画された掘立柱建物や竪

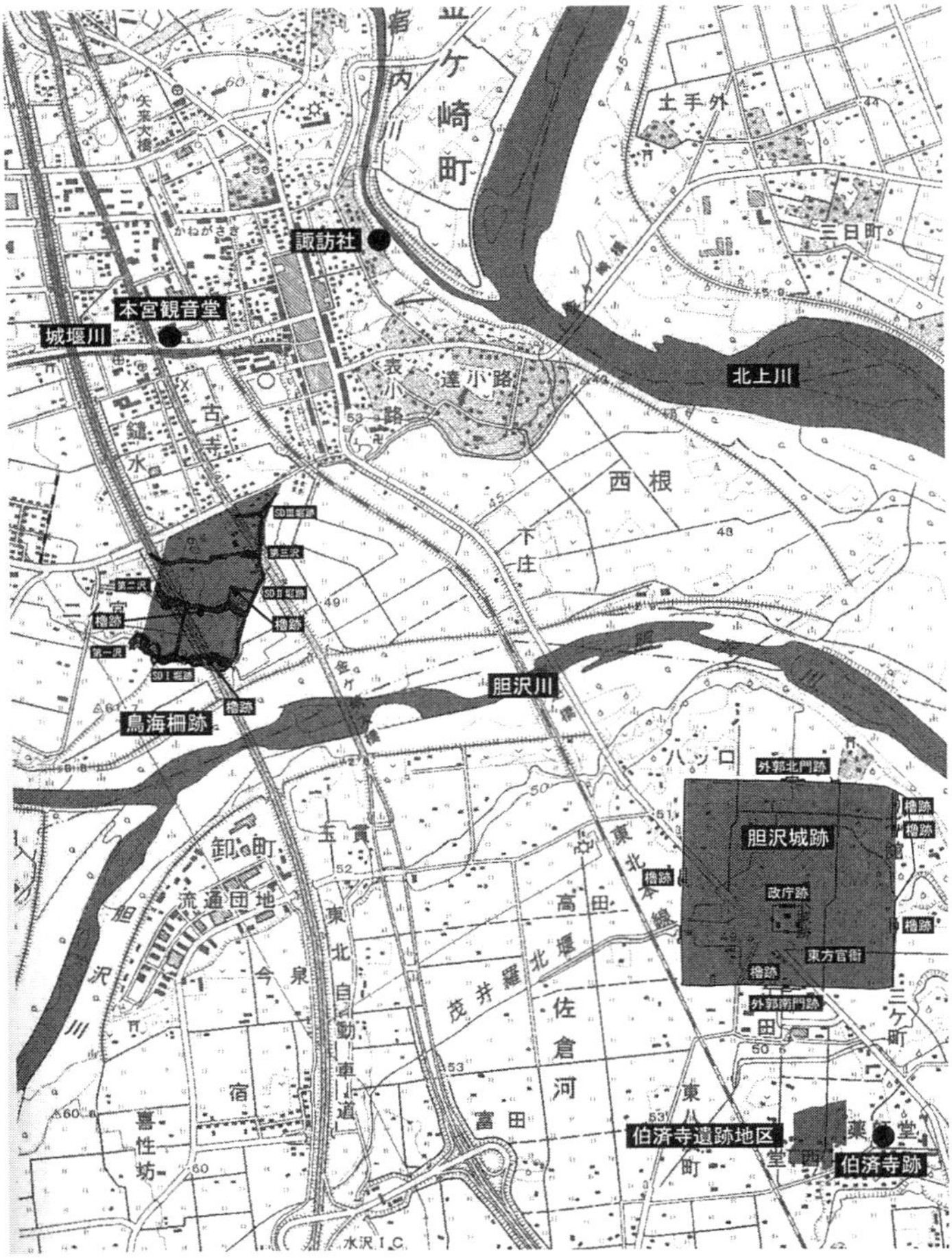

図４－１　鳥海柵と鎮守府胆沢城（浅利英克・島田祐悦他2022より）

穴建物がある。「鳥海」では谷と谷をつなぐ南北方向の直線的な大型の堀があり、堀幅約九メートル、深さ三メートルを測り、土塁や柵跡の存在も推定されている。その西側では二間三間四面などの掘立柱建物跡があり、東側でも櫓や柵跡が確認され、軍事的性格を強めているとさ

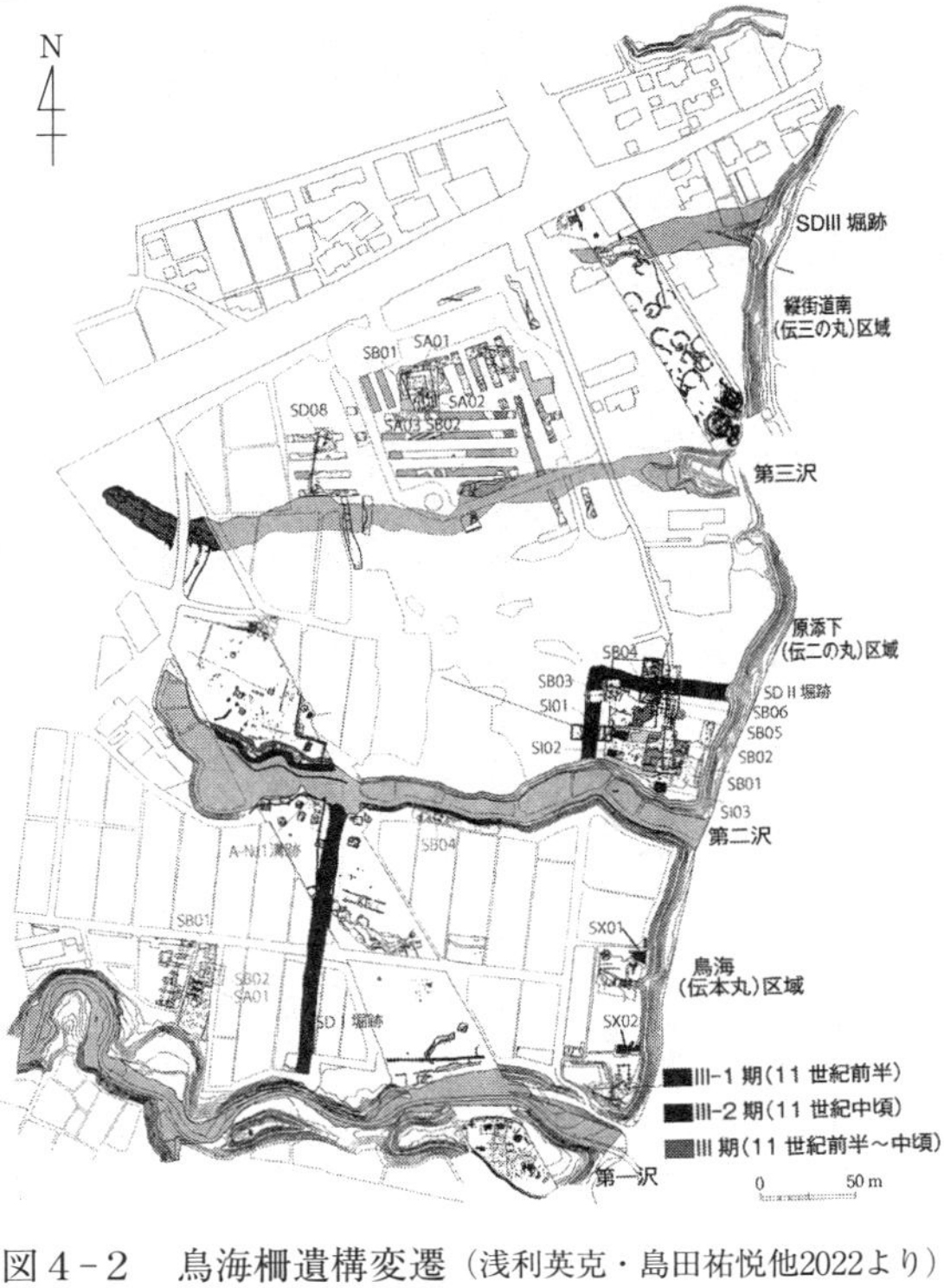

図４－２　鳥海柵遺構変遷（浅利英克・島田祐悦他2022より）

れている（図4―2）。

鳥海柵は自然の谷を堀として利用してはいるが、堀で区画された方形を基調とした空間（曲輪《くるわ》）があり、土塁・柵・櫓などの遺構が確認され、軍事性が強く、やはり城館の系譜になりうると考えている。また、安倍氏が在庁官人の系譜を引いていることや年代的な継続性を考慮すると、方形の区画の系譜は、胆沢城など古代城柵になる可能性がある。

『後三年合戦絵詞』を彷彿とさせる清原氏の柵

秋田県横手市にある大鳥《おおとり》井山《いやま》遺跡は、比高差約二四メートルの大鳥井山と小吉《こきち》山という独立丘陵で構成され、南北五七〇メートル、東西一六〇メートルの規模となる。遺跡の北と南に小河川があり、北流する横手川に合流し、東側には羽州街道が南北に縦貫する。陸上交通と河川交通の要衝である。羽州街道の西には比高差二〇メートルのところに台処《だいどころ》館があり、大鳥井山遺跡と一体で機能したと考えられている（図5―1）。

大鳥井山遺跡は小吉山と大鳥井山と、台処館の北部と南部の四つの空間（＝曲輪）で構成され、堀・土塁《どるい》・溝で区画されている。小吉山北部地区では大量のかわらけが出土し、中心域と考えられ、小吉山東部・南部地区からは二重の堀と土塁、櫓や柵が確認され軍事性が高く（図5―2）、西部地区で火葬墓や土坑が確認されている。大鳥井山西部地区には、宗教施設と考えられる二間五間四面の大型掘立柱建物跡があり、東部地区には現存する二重の堀と土塁がある。

出土かわらけから十世紀後半から十一世紀の年代が推定され、『陸奥話記』にある「大

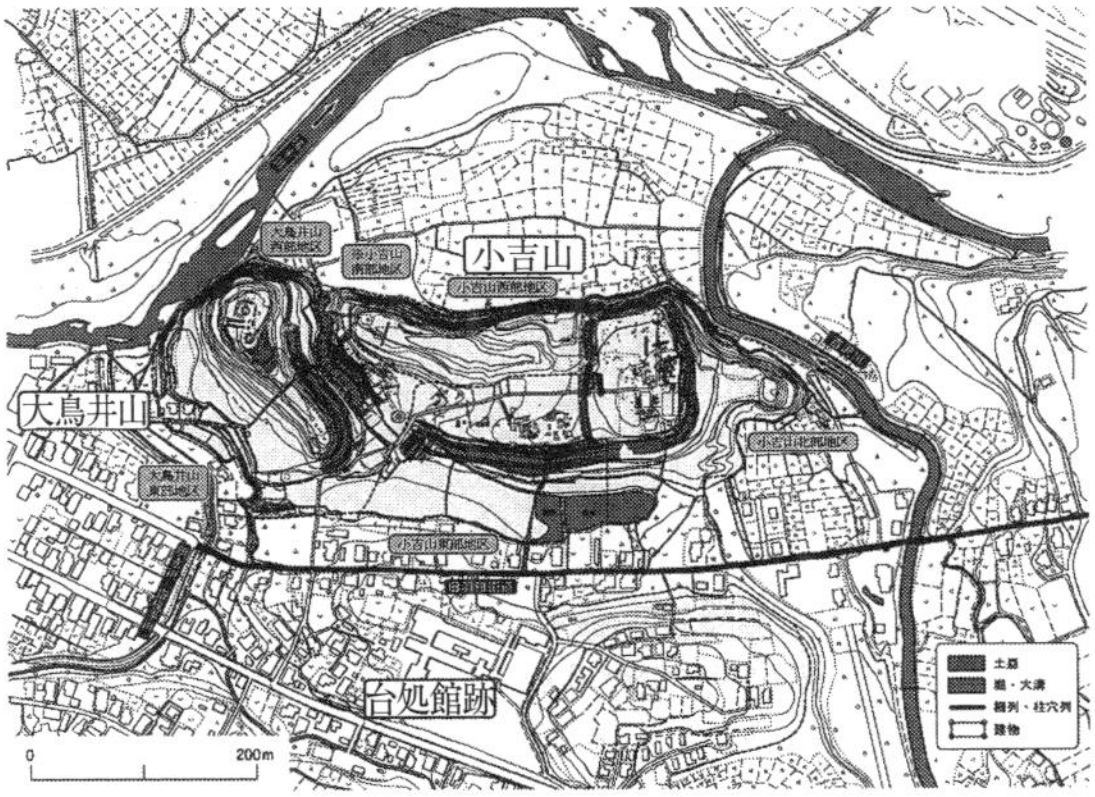

図５－１　大鳥井山遺跡（浅利英克・島田祐悦他2022より）

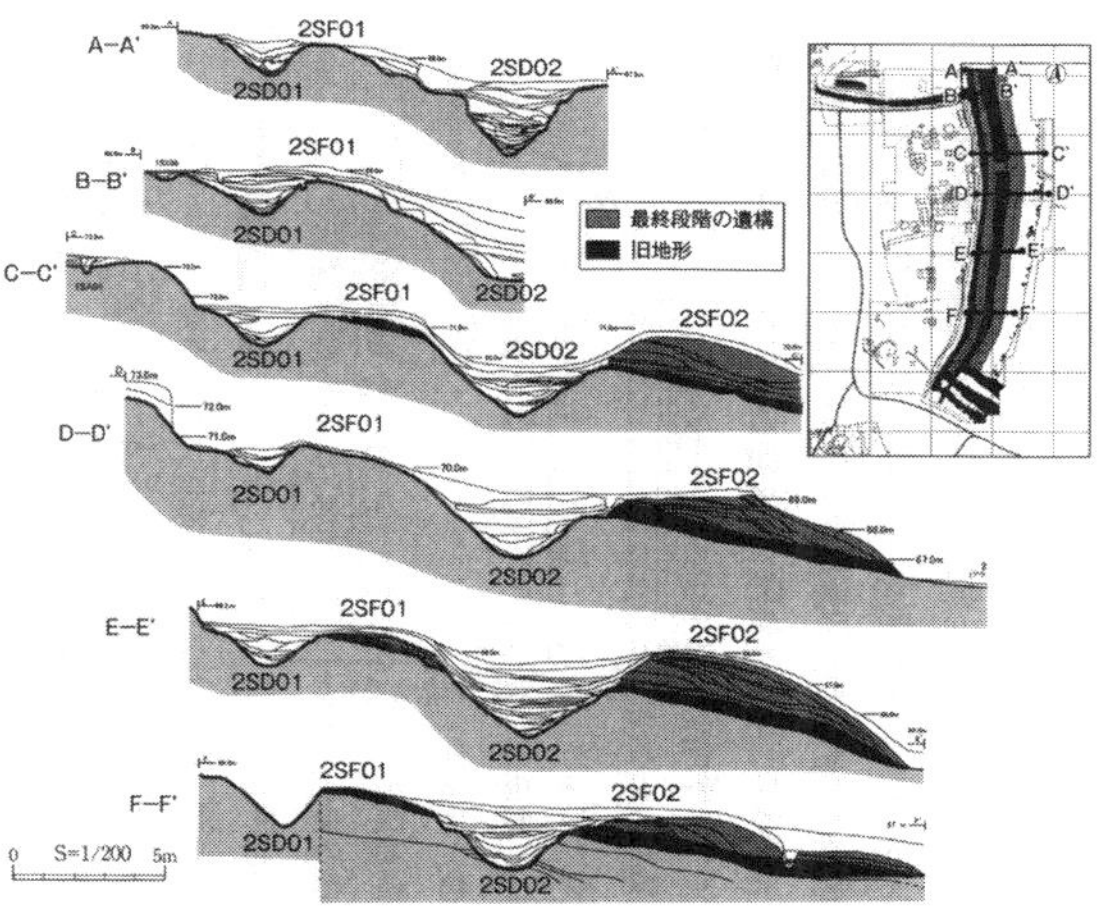

図５－２　小吉山東部の土塁と堀（浅利英克・島田祐悦他2022より）

鳥山」の可能性が高く、出羽《でわ》山北《せんぼく》俘囚主《ふしゅうのあるじ》とされる清原光頼《みつより》の長子である大鳥山太郎頼《より》遠《とう》の本拠とされている。まさに、『後三年合戦絵詞《ごさんねんかっせんえことば》』（貞和三年〈一三四七〉成立）の「金沢柵」を彷彿とさせる遺構群であり、特に土塁・堀・大溝・櫓・柵の在り方は、城館の系譜になりうる。

大鳥井山遺跡の系譜

大鳥井山遺跡の成立期の土器は、同じ秋田盆地にある古代城柵であり、出羽山北三郡を管轄したとされる払田柵《ほったのさく》に求めることができる。払田柵は、横手盆地北部の仙北市にあり、沖積地の独立丘陵である真山《しんざん》と長森《ながもり》からなり、外柵と外郭と政庁で構成される。長森に政庁が置かれ、外柵は角材を並べ立てた材木塀で、東西南北に門があり、真山と長森を東西一三七〇《メートル》、南北七八〇《メートル》の長楕円形に囲っている。柵木は杉の割材で、二二〜三〇《センチ》の角材を隙間なく並べている。

外郭は長森とその北の低地を東西七六五《メートル》、南北三二〇《メートル》の楕円形で囲い、丘陵部は築地土塀で、低地部は材木塀で構築され、東西南北に門が開く。外郭の中央に板塀で方形・長方形に区画し、正殿、東・西脇殿で構成された政庁がある。九世紀初頭から十世紀後半まで存続している。土器の系譜とともに、清原氏が在庁官人であったことが指摘されていることを考慮すると、大鳥井山の二重の堀や土塁・柵による不整系の平面プランは、同じ横手盆地に所在する払田柵跡に求めることができるという高橋学・八重樫忠郎・島田祐悦などの指摘は、きわめて的確である。その意味では、城館の系譜は古代城柵まで遡ることができるといえる。

史料にない柵か

秋田市南東部の秋田市川辺《かわべ》豊成《とよなり》に所在し、石見《いわみ》川右岸の標高四六メートルの高位段丘に立地する虚空蔵大台滝《こくぞうおおだいたき》遺跡は、東西約四五〇メートル、南北約三〇〇メートルの館で、上部は独立した平坦面で、斜面は石見川などで深い沢が開析され、急峻である（図6）。

図6　虚空蔵大台滝遺跡近景（南西から）
（利部修2007より）

遺跡西端部の六五〇〇平方メートルが調査され、縄文時代と十一・十五世紀の遺構が確認された。最高部の平坦面では、縁辺で数条の柱穴列・空堀・テラス状遺構・掘立柱建物・礎石建物・竪穴状遺構・土坑などを、斜面部上位では切岸《きりぎし》・空堀・土塁・虎口を、斜面部中位では大型掘立柱建物・テラス状遺構・鍛冶炉・焼土遺構を検出した。尾根部ではテラス状遺構・土坑・焼土遺構や土坑墓などを検出し、テラス状遺構からは、かわらけがまとまって出土した。

遺跡は大きくⅢ時期に区分され、ⅠⅡ期は、出土した、美濃で焼かれた灰釉《かいゆう》陶器の年代などから、十一世紀中葉・後葉とされ、Ⅲ期は十五世紀とされている。Ⅰ期の遺構は、斜面部中位の切岸の掘削土で埋められていた掘立柱建物・テラス状遺構・鍛冶炉・焼土遺構群などがある。出土遺物にはかわらけ・灰釉陶器・青磁・珠洲《すず》などのほか、金属製品が多数出土し、銅製小塔《どうせいしょうとう》や馬具、鉄鏃や、馬鍬《まぐわ》の歯の形の鉄素材や椀形滓などの出土は注目される。十五世紀の城館と重複しているので、明確ではないが、急峻な段丘面に十一世紀の遺構を営んでおり、前述の大鳥井山遺跡との関係でも注目される。

同じ出羽の米代川の北になるが、国指定史跡の檜山安東《ひやまあんどう》氏城館の大舘では、九世紀後半から十世紀の大集落と柵・土塁・空堀などが良好な状態で確認され、檜山城の支城的役割を果たした城館として昭和五十五年（一九八〇）に国指定史跡とされた。古代集落については、延喜元年（九〇一）に成立した史書である『日本三代実録』に、元慶二年（八七八）に蝦夷《えみし》が、出羽の古代城柵である秋田城を襲った反乱である元慶の乱の中で出てくる、「能代営《のしろのたむろ》」の擬定地《ぎていち》ともされた。遺跡は米代川とその支流の檜山川に挟まれた台地上に立地し、標高四五㍍《メートル》前後の比較的平らな台地上に立地し、空堀や土塁が現況で確認できる。

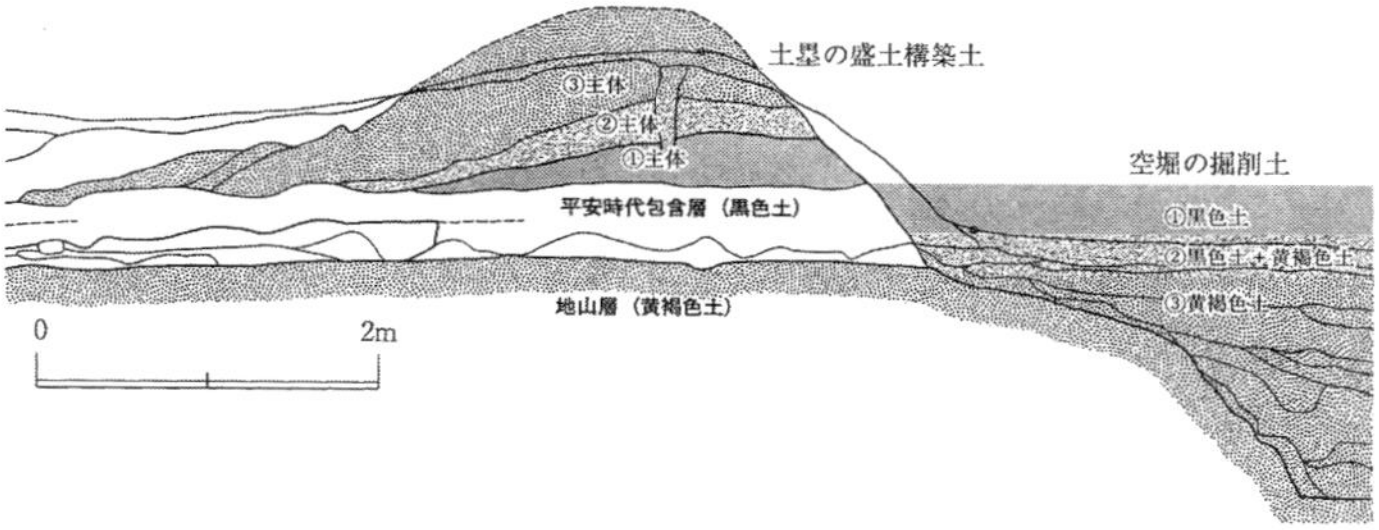

図７　大舘土塁・空堀構築土概念図（五十嵐一治2011より）

平成二十二年には、この空堀や土塁の年代を決定する目的で調査が行われた。トレンチ調査では、竪穴建物・土塁・空堀・溝・柱穴などが検出された。年代を確定するには至らなかったが、十世紀に前半に降下した朝鮮半島白頭山《はくとうさん》起源の火山灰の有無や、竪穴建物などとの重複関係（図７）から、おおむね十世紀後半から十一世紀には構築されたと考えてよさそうだ。少なくとも出羽北部では、十世紀後半には空堀や土塁が成立した可能性が高い。

壕と土塁に囲われた集落

陸奥津軽地方にある国指定史跡高屋敷館《たかやしきだて》は、青森県青森市浪岡の大釈迦《だいしゃか》川西岸の標高三五～四五メートルの段丘面に立地し、壕と土塁で囲まれた東西五七メートル、南北八〇メートルの約三四〇〇平方メートルの規模である。土塁と壕が対応する環壕と出入口三ケ所、竪穴建物七五棟、鉄関連遺構・工房跡・掘立柱建物・土坑・井戸状遺構・溝・道路状遺構などが検出された。

土塁と環壕はいわゆる「内環壕、外土塁」で、壕を掘り上げた土で土塁を構築している。土塁は基底幅二・一メートル、高さ約一メートルであり、壕は幅五・五〜六・二メートル、深さ二・八〜三・五メートルで、岩面形は箱薬研《はこやげん》形である。土塁の成立は十世紀中頃以降、壕は十世紀末以降とされ、十一世紀が主たる使用時期で、十二世紀中頃には壕は埋め戻されたと推定されている。出土遺物は土器類が多種で出土量も多いが、鉄製品は農工具のほか、錫杖《しゃくじょう》形鉄製品があるほか、銅碗《どうわん》などの宗教具もあり、鉄精錬や鍛冶生産に関わる遺物も多い。

既述のように、高屋敷館遺跡例のような「内壕外土塁」の事例は、陸奥・出羽で普遍的に見られ、後述するように十二世紀の館でも確認できる。奥羽北部の十・十一世紀の集落にもその系譜を求めることができる。

十二世紀の城館

「藍津之城」　福島県会津坂下町陣《じん》が峯《みね》城は会津盆地の北西部、川西地区にある。南隣して旧・越後街道があり、慶長十六年（一六一一）会津大地震で付け替えられているが、それまでは主要な道として機能した。城は扇状地上に立地し、東側は旧・宮《みや》川の浸食を受け、比高差二〇メートルの断崖となっている。旧・宮川は阿賀《あが》川に合流し、越後平野を経て日本海に至る河川交通のルートでもあり、会津盆地を一望できるような立地である。

陣が峯城を含む地域は十一世紀に立荘された「蜷河荘《にながわのしょう》」であり、三条天皇の皇女冷泉《れいぜいの》宮儇子《みやけんし》内親王領として成立し、関白藤原忠実《ただざね》領を経て、近衛家に伝領された。九条兼実《かねざね》の日記『玉葉《ぎょくよう》』の養和元年（一一八一）七月一日の記事に、伝聞であるが、越後守である城《じょう》四郎長茂《しろうながもち》が横田河原《よこたがわら》で木曽義仲《きそよしなか》に敗れ、「藍津之城《あいづのしろ》」に籠ろうとしたところ、陸奥守である藤原秀衡《ひでひら》が郎従を遣わしてこれを押領しようとし、城氏は越後の本城に籠ったとある。陣が峯城が「藍津之城」である可能性が指摘されている。十三世紀以降は、近代まで遺構・遺物が確認できないことから、意図的に土地利用が忌避された「封印された城館」とも言える。

二重の堀と土塁

城は隅丸の不整な五角形を呈する平場を中心に、北・西・南の三方に内堀・外堀の二重の堀があり、西側の内堀内側と外堀外側に土塁があり、東は急峻な段丘崖となっている。

平場は公民館・ゲートボール場など以外は畑地であり、北・西側の堀に沿って雑木林・荒地となっている。東西約一一〇メートル、南北約一七五メートルで、約一四〇〇〇平方メートルの面積があり、東に向かってやや傾斜する（図8－1）。

外堀は上端幅七～三〇メートル、底面幅二～一〇メートルで、断面形は不整な逆台形となる。内堀は上端幅一〇～二九メートル、底面幅一～三メートルで、断面形は「V字形」となっている。堀は西側で狭小となり、南・北側で幅・深さとも大きくなっている。

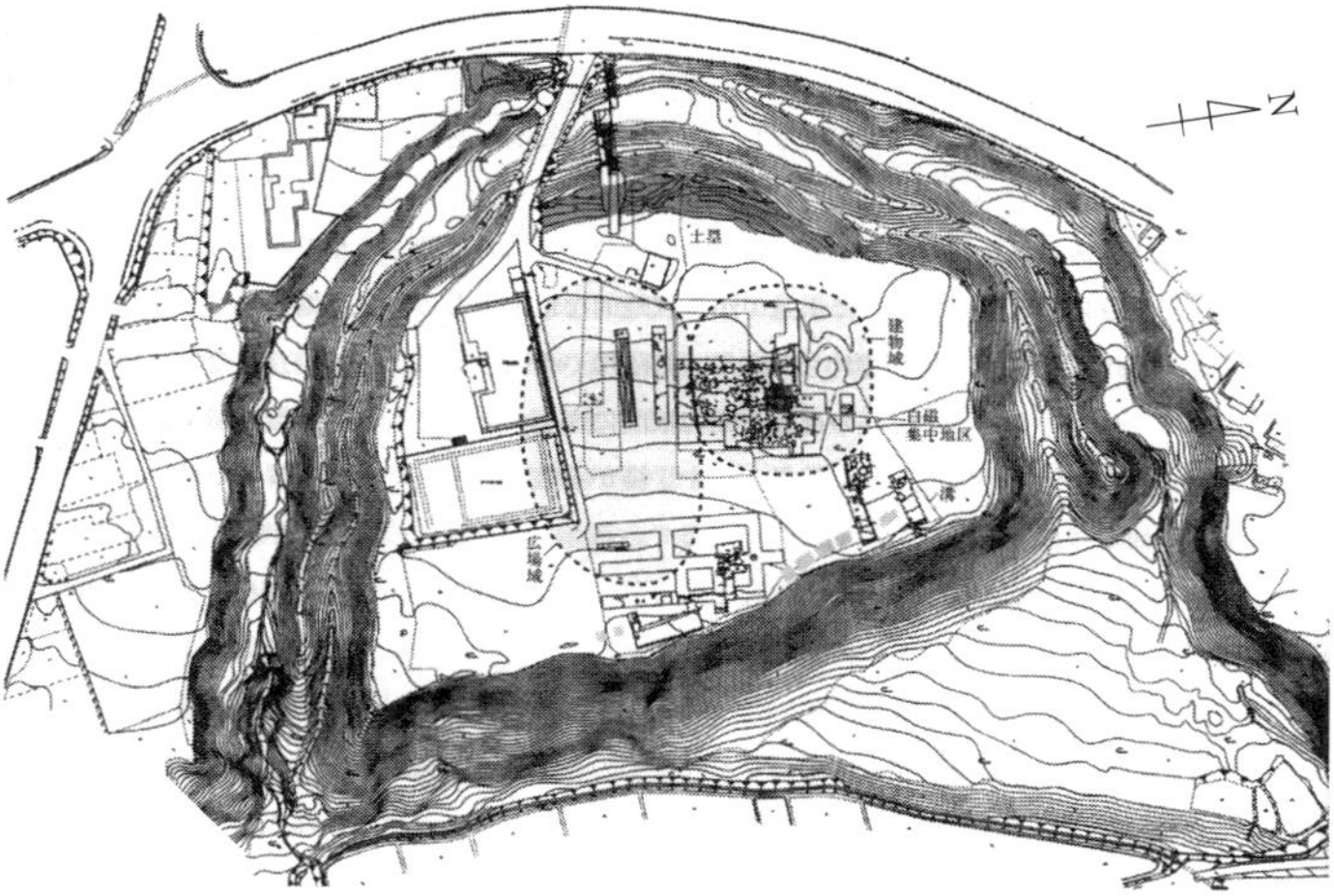

図８－１　陣が峯城概念図（吉田博行他2005より）

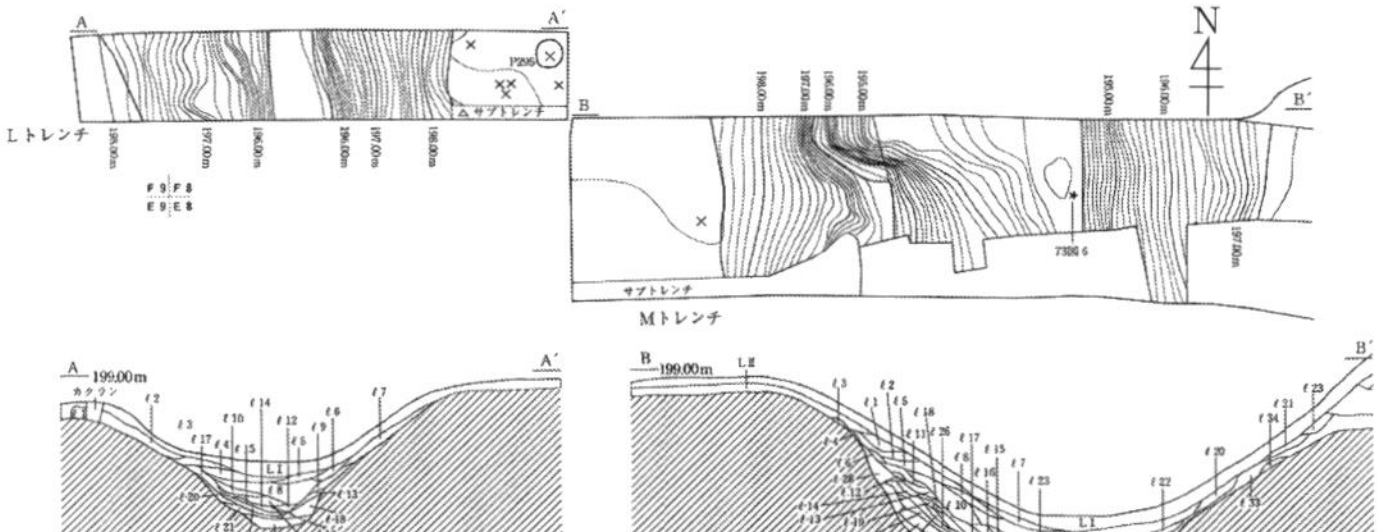

図８－２　陣が峯城西側　堀と土塁（吉田博行他2005より）

図８－３　陣が峯城土塁土層断面（吉田博行他2005より）

西側の内堀内側の土塁《どるい》は一部進入道路で削平されているが、幅六～九メートル、高さ一～二・五メートル、長さ約七〇メートルが遺存している。外堀西側の土塁は杉と雑木の林で、幅約五メートル、高さ約二メートル、長さ約二メートルが遺存している（図８－２）。虎口は確認できなかったが、堀の規模や形状や高低差などから、西側に存在した可能性が高い。

不整形に二重の堀と土塁で区画した城館としては、平泉政庁である柳之御所遺跡や後三年合戦に関連する大鳥井山遺跡などがあり、清原氏・平泉藤原氏関連の遺跡で見ることができ、その系譜関係は注目される。

平場の構造

平場で調査された遺構は、掘立柱《ほったてばしら》建《たて》物《もの》五棟、溝六条、土坑三七基、ピット群、鍛冶炉などである。掘立柱建物跡は平場北側にあり、二間五間の身舎《もや》に四面に庇《ひさし》が付く構造で、重複関係から三時期の変遷が推定されている。政庁的な建物群である。建物群南側の平場中央は遺構が希薄であり、広場とされている。平場東側には焼失した掘立柱建物跡の存在が推定され、炭化した壁材や板材、あるいは炭化した米・豆・漆器などが出土し、城の中で食事や宴会を準備する施設である「厨《くりや》」の可能性が指摘されている。

西側の堀の調査では、内堀の断面が逆台形で東側にテラスがあることがわかった。深さは平場から約四・二メートルであるが、南・北堀に比しては浅い。堀は自然地形の沢を最大限利用して構築した結果、堀・平場が不整形となったとされている。内堀の底面、土塁側からは、戦の際に投げるこぶし大の丸い石である、飛礫《つぶて》と考えられる礫《れき》や鉄鏃《てつぞく》が出土しており、この付近で戦闘が行われたことを示している。西側の土塁の調査では、積み土は西側が厚く東側が薄いことから、内堀の掘削土で積まれたと推定され、土を突き固めた版築は行われていない。土塁頂部は柱状の打ち込み痕跡があり、柵などの施設が推定される。

驚くべき多様な出土遺物

出土遺物は貿易陶磁器、須恵器系・瓷器《しき》系陶器、かわらけ、漆器、鉄製品、銅製品・炭化米などである。政庁的な空間と考えられる建物群の周辺からは特に貿易陶磁器や国産陶器、かわらけが多く、「厨」空間からはかわらけ、漆器、炭化米などが多い。

貿易陶磁器は七七個体あり、中国産白磁が圧倒的で、四耳壺《しじこ》・水注《すいちゅう》・碗・皿が出土し、碗・皿の出土比率が高く、袋物の多い岩手県柳之御所遺跡の出土状況とは異なる。中国産青白磁《せいはくじ》は碗と小皿、初期高麗《こうらい》青磁碗が出土している。陶器は三四個体あり、甕・壺・鉢が主体で、須恵器系陶器では東北地方産と思しきものが多く、古代灰釉《かいゆう》陶器の系譜を引く瓷器系は、愛知県の常滑《とこなめ》・渥美《あつみ》などの東海地方産が多い。東海地方で焼かれた無釉陶器である山茶碗《やまじゃわん》・山皿《やまさら》も出土し、渥美型碗・尾張《おわり》型皿・東遠江《とうとおみ》型碗がある。かわらけは五〇個体が復元でき、ロクロ整形の皿および柱状高台《ちゅうじょうこだい》皿が主体で、手づくねかわらけは出土していない。十二世紀前半から中頃の年代が推定されている。

木製品は炭化したものが多く、椀・皿・盤、削った薄板を円形に曲げて樺や桜皮で綴じた曲物《まげもの》・合子《ごうす》・下駄、馬に騎乗する馬具である鞍《くら》などがある。炭化した食料品も出土し、炭化した椀形飯、強飯《こわいい》を木の葉などで包んだものである包飯《ほうはん》、加工大豆（納豆菌で発酵させない糸を引かない唐納豆か）、炭化した穀物類としてはコメ・マメ・ソバが多量に出土した。コメは総量九〇〇〇グラムを超え、ソバは少ない。生活している中で、戦乱により火災に遭ったことが窺える。

銅製品には和鏡と、はかりのおもりである権衡《けんこう》があり、後者はその重さから、大宝元年（七〇一）年に成立した大宝令《たいほうりよう》制の「大両《たいりょう》」（一一・五グラム）とされ、計量の用いる長さ・

堆積・重さに基準を定めた制度である度量衡《どりょうこう》の管理が行われていた可能性がある。いずれも政庁的な空間からの出土である。鉄製品には鉄鏃一三点、鉄斧《てっぷ》・短冊形の板状の鉄素材である鉄鋌《てってい》・木の表面を削る工具である鉇《やりがんな》・鋸《のこぎり》・釘などがあり、鉄鏃の出土は戦闘の状況を示しているほか、木造建築の職人である番匠《ばんしょう》や、轆轤《ろくろ》で木工品を作る職人である木地師《きじし》など職人の存在をも示している。

陣が峯城は十二世紀前半に成立し、十二世紀中頃にピークを迎え、戦乱に伴う火災によって廃絶したと考えられ、『玉葉』にある「藍津之城」とするのには、年代的に無理があるが、十二世紀の城館跡の一形態とすることができる。また既述の通り、城跡の形態は清原氏や平泉藤原氏に系譜を求めることができるが、出土遺物を見ると、手づくねかわらけは出土していない。

列島の中の会津

本書でもたびたび、会津が登場するが、会津在住の考古学者である中村五郎は、会津は日本史の大きな変革期にたびたび登場すると主張している。まずは、『古事記』『日本書紀』の四道将軍伝説であり、崇神《すじん》天皇が諸国平定のために派遣した皇族将軍のうち、北陸道と東海道をきた将軍が出会ったのが「相津《あいづ》（会津）」であったとされる。そして、奥羽仕置も豊臣秀吉が自ら会津まで来ている。あるい

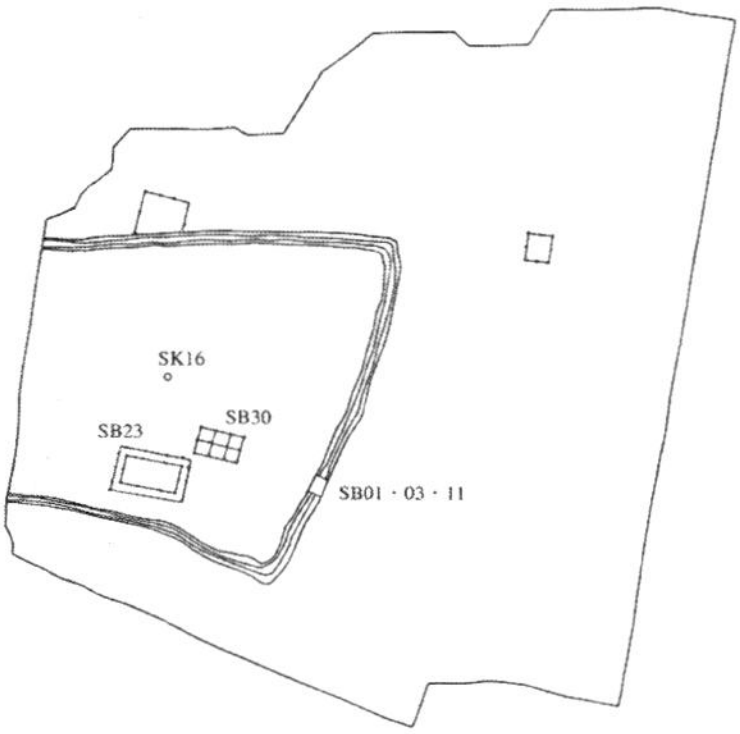

図９　12世紀の鏡の町遺跡Ａ
（和田聡1997より）

は、後述するが、関ケ原の戦いの直接のきっかけも、豊臣政権下の徳川家康主導の会津出兵である。さらにご存知の通り、戊辰戦争での奥羽における最激戦の地が、まさに会津である。

中村はさらに、前述の『玉葉』にある「藍津之城」に触れて、越後城氏が信州・横田河原で木曽義仲に敗れて、「藍津之城」に籠ろうとしたことから、まさに治承・寿永の内乱にも会津が登場することを指摘している。奥羽仕置では「奥羽の押さえ」として、蒲生氏郷や加藤嘉明、上杉景勝などの親豊臣の大大名が置かれ、幕藩体制下では徳川家光の異母弟である保科正之が配置されて、会津松平家となる。列島史を通じて、会津の地政学的な重要性が、改めて確認できる。

会津盆地の方形の居館

同じ会津盆地平坦部の北部に立地する喜多方市鏡ノ町遺跡Ａでは、幅二メートル弱、深さ〇・八メートルの箱薬研《はこやげん》形の堀で、河岸段丘上を一辺三〇〜四〇メートルに方形で区画している。二間三間四面の東西棟の大型建物跡を中心に、倉庫などの付属建物が伴う。十二世紀後半の方形の平地居館と考えられている（図9）。本遺跡は九世紀後半から十世紀前葉まで官衙的な様相を示し、十世紀後半から十二世紀前半の空白を挟んで、十二世紀後半から十三世紀前半は比較的小規模な開発領主の屋敷と評価されている。十二世紀の会津盆地には、陣が峯城跡のような大規模な堀と土塁で不整形に区画された軍事性の高い城館ばかりでなく、方形の平地居館もあり、多様であることがわかる。

「平泉政庁」柳之御所遺跡

平泉は平泉藤原氏四代、九〇年間の本拠であり、岩手県を貫流して宮城県石巻市に至る大河、北上川の右岸に立地し、北の北上川と南の「猫間が淵」と呼ばれた沢に挟まれた舌状の河岸段丘面に立地する。遺跡は約一一万平方メートルあり、二重の堀で不整形に区画された堀内部地区と、堀外部地区で構成される。二重の堀の外堀は幅約五メートル、深さ約三メートルあり、断面は薬研形から箱薬研形となり、内堀は最大で幅一〇メートル、深さ五メートルと大規模であり、全長約五〇〇メートルにわたり堀内部地区を囲繞している。十二世紀初頭に外堀が掘られ、十二世紀中葉に内堀が掘られて二重になったようである。堀に伴う土塁は確認できていないが、橋は三ケ所架かる（図10－1）。

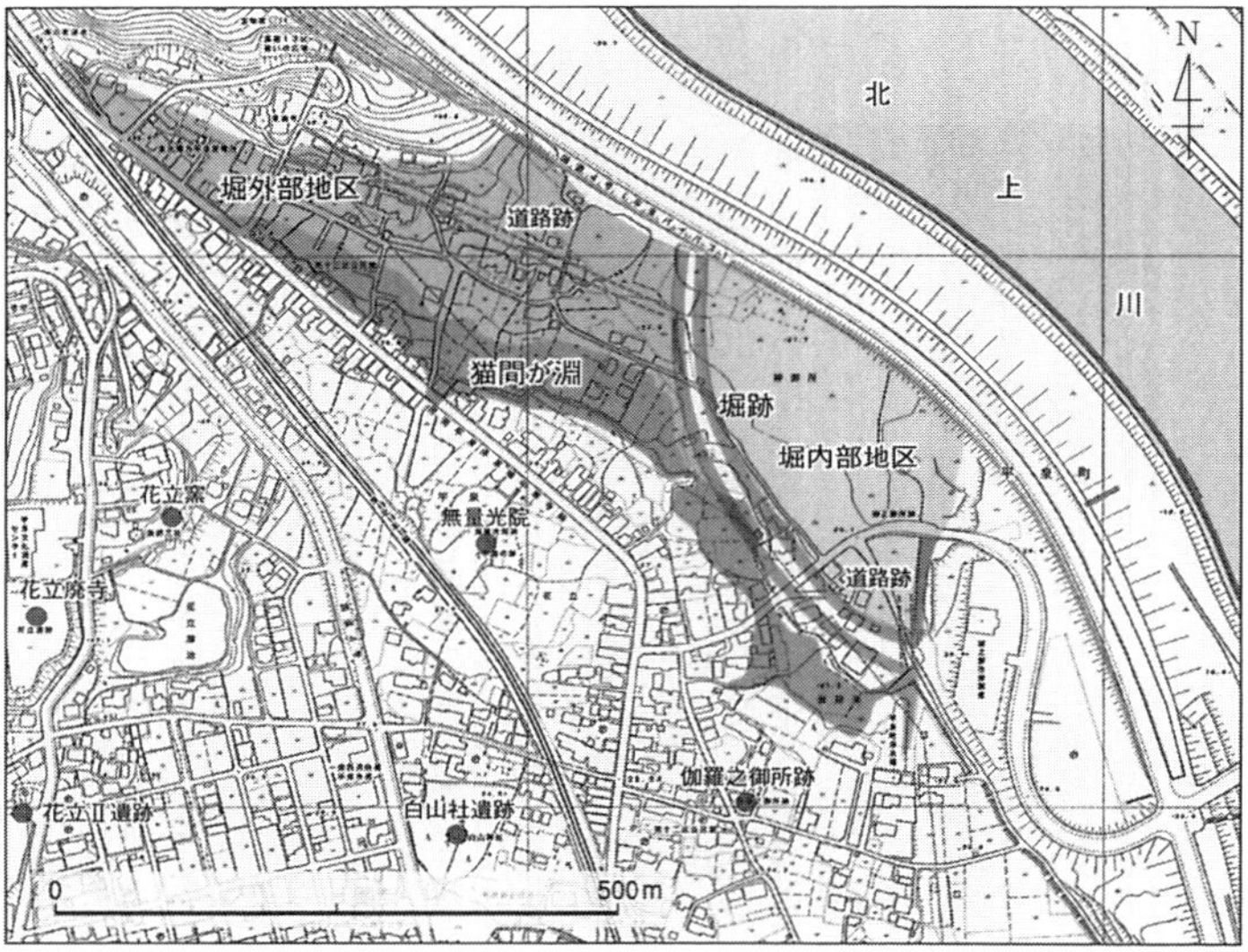

図10-1　柳之御所遺跡概念図（八重樫忠郎2015より）

「平泉館」堀内部地区

堀内部地区は道路、塀で区画され、門・掘立柱建物・竪穴建物・園池・広場・井戸・トイレ遺構などがあり、南の堀に架かる橋を渡ると、幅七メートルの両側側溝の道路がある。その北に一辺一二〇メートルの板塀で区画された空間に中心建物群と池と広場がある。中心建物群には大型の二間七間四面の掘立柱建物があり、ほかに二間五間の総柱の高屋などがあり、出土遺物の年代は十二世紀にほぼ限定される。

堀外部地区では、清衡が建立した仏堂である中尊寺金色《こんじき》堂と堀内部地

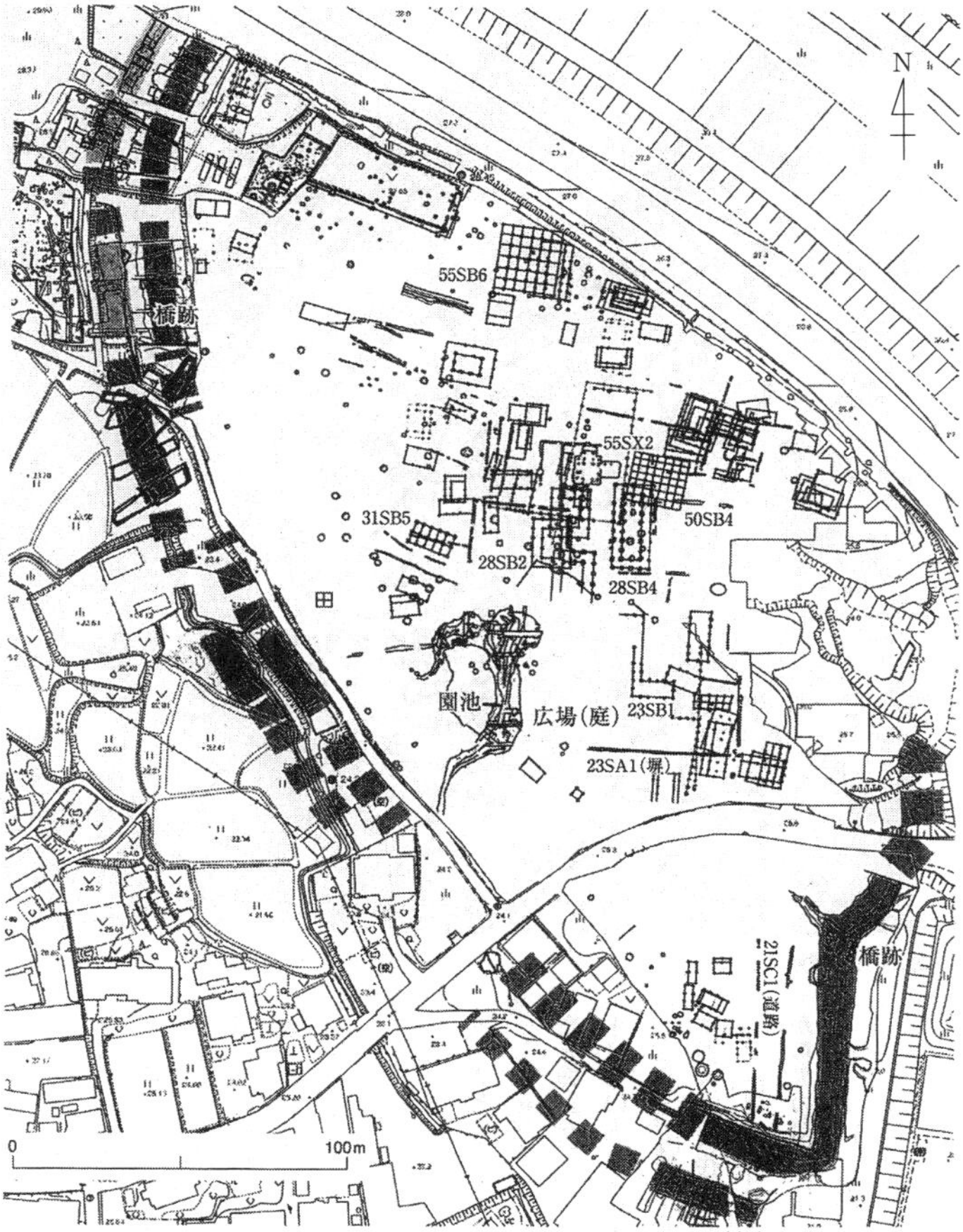

図10-2　柳之御所遺跡堀内部地区遺構配置図
（八重樫忠郎2015より）

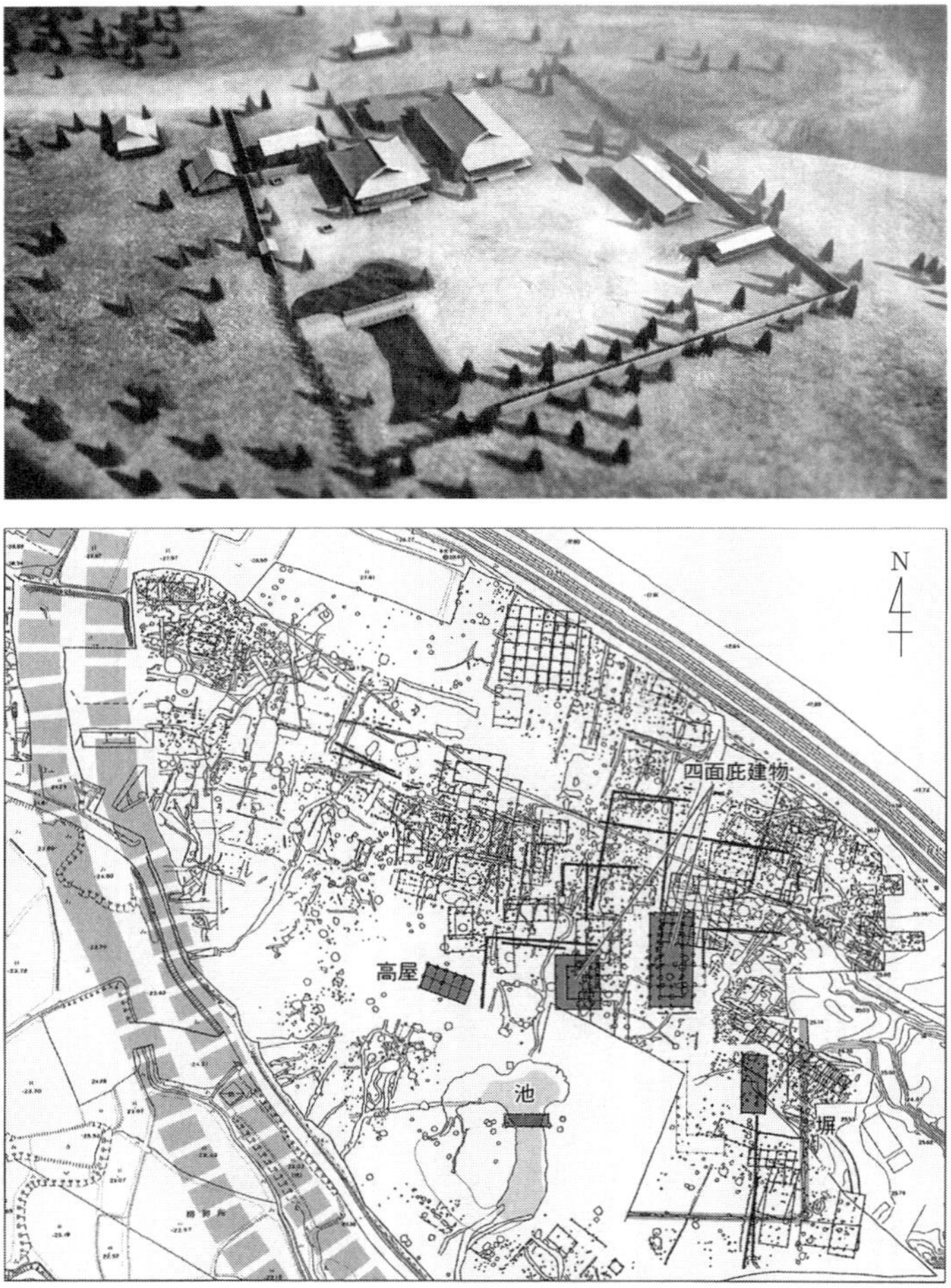

図10-３　藤原基衡・秀衡期の平泉館（八重樫忠郎2015より）

区を結ぶ幅七㍍《メートル》の道路を中心に、溝で区画された屋敷地が並び、区画内からは複数の掘立柱建物跡や井戸、トイレ遺構などが確認されている（図10－2）。堀内部地区は、鎌倉時代の歴史書である『吾妻鏡《あづまかがみ》』文治五年（一一八九）九月十七日条にある「平泉館」とされた。三代藤原秀衡の時期には、堀内部地区を政庁とし、南に隣接する伽羅《きやら》御所跡が常の居所（私宅）、その西に無量光院という仏堂があり、街区を形成していると考えられている（図10－3）。

柳之御所遺跡の系譜

柳之御所遺跡の北に連続して高館《たかだち》という丘陵があり、十二世紀の遺構・遺物が確認されている。室野秀文らが指摘するように、「高館＋柳之御所遺跡」というセットは、景観としては、大鳥井山遺跡の「大鳥井山＋子吉山」というセットと類似する。大規模な堀で不整形に区画された堀内部地区の構造は、大鳥井山遺跡に代表される出羽の後三年合戦の清原氏の柵跡に系譜を求めることができるとされている。また、大型の四面庇掘立柱建物跡が中心建物であり、古代城柵官衙や前九年・後三年合戦の安倍氏、清原氏の柵などにその系譜を求めることができる。

平泉セット

八重樫忠郎は平泉の特徴的な遺物として、手づくねかわらけ・常滑・渥美・須恵器系陶器、白磁四耳壺・水注などを挙げて、その中でも「手づくねかわらけ、白磁四耳壺、渥美刻画文壺《こくがもんこ》、常滑三筋壺《さんきんこ》」を平泉セットとして、「平泉セットを有しているということは、平泉同様の宴会儀礼、すなわち同様の政治形態を持っていたということなる」と明快に指摘して、その分布を明らかにした。

青森県は津軽地方に多く、岩手県では志波町日詰《ひづめ》館などがあり、宮城県は陸奥国府・多賀城跡、山王《さんのう》遺跡、新田《にいだ》遺跡をはじめとして栗原《くりはら》郡・亘理《わたり》郡に分布があり、秋田県では矢《や》立《たて》廃寺・観音寺廃寺などで出土例があり、矢立廃寺は奥大道沿いであることに注目している。山形県・福島県では際立った遺跡はなく、福島県いわき市白水《しらみず》阿弥陀堂でも浄土庭園はあるが、手づくねかわらけの出土はない。

この傾向および経塚の分布から「津軽地方と岩手県央から多賀城跡付近を含んだ宮城県北までが、平泉と密接な関係にある」と指摘した。平泉藤原氏の直轄支配地は奥六郡から宮城県北とし、次いで秋田県北と津軽外ヶ浜に分布が多く、津軽外ヶ浜は奥大道に関連して重要であり、福島県域は外様的である。

平泉の袋物指向

陶磁史研究の矢部良明は柳之御所遺跡出土の白磁四耳壺が日本で最も集中し、武家文化の価値体系として十二世紀の段階で確立したと指摘した。小野正敏は京都・博多・大宰府などとの組成を比較し、白磁四耳壺の比率の高さを指摘し、平泉の独特の「好み」があることを明らかにしている。同時に、国産陶器での甕の比率の高さも指摘している。

八重樫は平泉出土の常滑・渥美を分析し、大甕、常滑三筋壺、渥美刻画文壺が多いことを指摘し、最大消費地が平泉であることを明確に指摘した。そして、壺の用途について宴会儀礼での権力の象徴と指摘する一方、経塚に埋納する経巻を納める筒の外側の容器である経筒外容器《きょうづつがいようき》などとして利用される三筋壺は、当初は宗教色の濃いものとした。以上の見解を受けて、私は中世前期の陶器「袋物」を政治的・宗教的な産物と考えている。

陸奥国閉伊郡に打ち込まれた楔

既述の柳之御所遺跡のミニチュア版とも言うべき遺跡を紹介したい。三陸沿岸となるが、陸奥国閉伊《へい》郡で平泉セットを持つ居館が発見された。閉伊郡は延久二年（一〇七〇）の北奥合戦で郡に編成され、それ以前は蝦夷《えみし》の村であったとされている。岩手県宮古市田鎖車堂前《たくさりくるまどうまえ》遺跡である。宮古湾から北西に約五キロ内陸に位置し、閉伊川とその支流に挟まれた微高地にある。

調査では平面形が丸い「コ」の字形で、断面形が箱薬研形の堀が、東西一二三メートルとなる。堀の上端幅は最大で約八メートルで、深さ約二メートルであり、部分的に西側で二重の堀となる。堀の東辺と西辺の内側に土塁が巡り、堀南東隅に木橋が架かり、南西隅に土橋がある。内部に

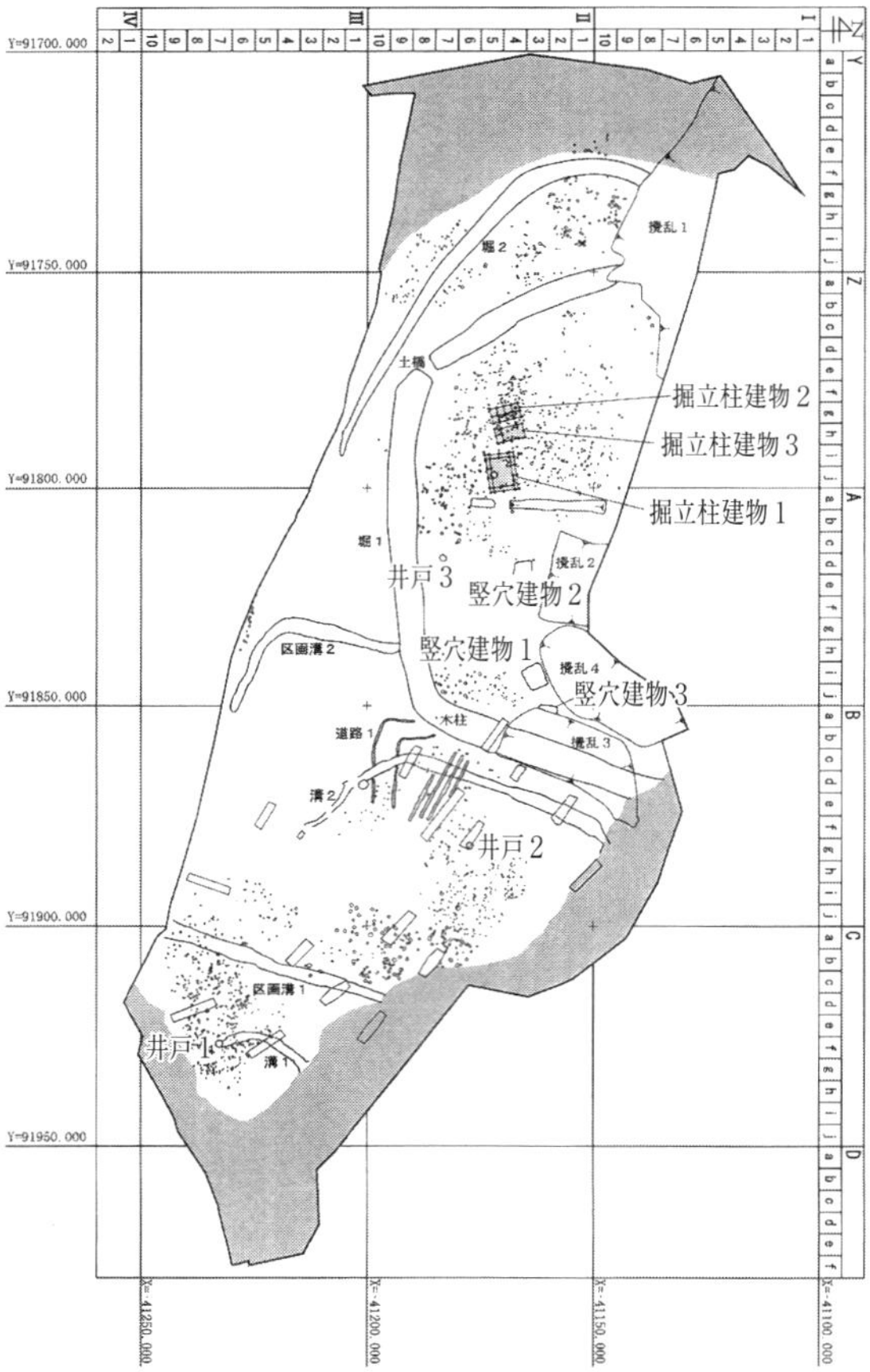

図11　12世紀の田鎖車堂遺跡（福嶋正和他2020より）

は四面庇などの掘立柱建物・竪穴建物・井戸があり、居住区間と推定できる。堀跡外側には、南東隅の木橋に向かう両側側溝の道跡があり、意図的に壊された中国産の白磁碗や、馬上で弓を射る騎乗の上級武士が着用した大鎧《おおよろい》の部品である小札《こざね》が出土し、祭祀的な痕跡と考えられる（図11）。

出土遺物は平泉型（後述）手づくねかわらけ、中国産の白磁四耳壺・碗・皿、渥美・常滑・宮城県水沼窯に類似した製品が出土しているほか、金属製品では大鎧小札、鏃、馬の口に含ませる馬具の銜《はみ》、製作時に弓を削るための弓削刀子《ゆげのとうす》、短刀、石英などの火打石と打ち合わせて発火させる火打金《ひうちがね》、鉄鍋のほか、土の破砕・均しに使う農具である馬鍬《まぐわ》の歯の形に類似した鉄素材も一点出土している。居館の年代は十二世紀後半とされる。

館の平面形態は丸く、堀の形状も柳之御所遺跡にも類似し、出土遺物も既述の「平泉セット」と言ってよく、生活感があり、軍事性も高い。居館の西方丘陵の尾根上には、作善《さぜん》行為として経典を土中に埋納した経塚が確認でき、まさに遺構・遺物とも平泉藤原氏の価値観で営まれた居館であることは疑いない。藤原基衡《もとひら》・秀衡《ひでひら》が宮古湾に向かう内水面交通の拠点を押さえ、閉伊郡支配のために造営した楔ともいうべき居館である。平泉藤原氏が三陸沿岸まで流通・交通を含めて、直接支配を及ぼそうとした館と評価され、注目できる。

以上のように、平泉藤原氏が創出した館とは、不整形の二重の堀・土塁で区画された丸い館、その西方に望む丘陵上にある経塚、そして内水面交通と陸上交通の要衝に立地していることとなる。

奥州合戦の決戦場

次に、南の境界に位置する阿津賀志山《あつかしやま》防塁の意味について考えてみたい。『吾妻鏡』によると藤原泰衡《やすひら》は、「二品（源頼朝）の発向（出陣）のことを聞き」「阿津賀志山に城壁を築き要害を固め、国見宿と彼のやまとの中間に、俄かに口五丈の堀を構えて、逢隈河の流れを堰入れて柵とした」と記されている。これが、福島県中通り地方の最北端にある、国見町の阿津賀志山防塁である。

大将軍は泰衡の異母兄の藤原国衡《くにひら》であり、二万の兵を配置し、本営は大木戸《おおきど》に置かれた。源頼朝は文治五年（一一八九）七月十九日に、大軍を率いて鎌倉を出発し、八月七日には国見駅に到着、翌八日早朝には合戦が始まり、十日には頼朝の大軍が木戸口に到着して、合戦が始まる。大木戸の国衡後陣の山上から奇襲を受けて陥落し、国衡も討ち取られた。

阿津賀志山防塁

福島県中通り地方を南から北へ貫流して、宮城県岩沼市で太平洋に流れ込む阿武隈川の左岸、宮城県境に近い信達《しんだつ》盆地の北端、標高二八九メートルの阿津賀志山の中腹から旧・阿武隈川に至る、二重の堀と三重の土塁で構成された、全長約四二二キロにわたる遺跡である（図12－1）。

東北本線・東北縦貫道間地区では、土塁頂部から内堀幅が約一一メートル、土塁頂部から深さ三・五メートル、断面は薬研形を呈する（図12－2）。東・西国見地区では土塁開口部と土橋・堀

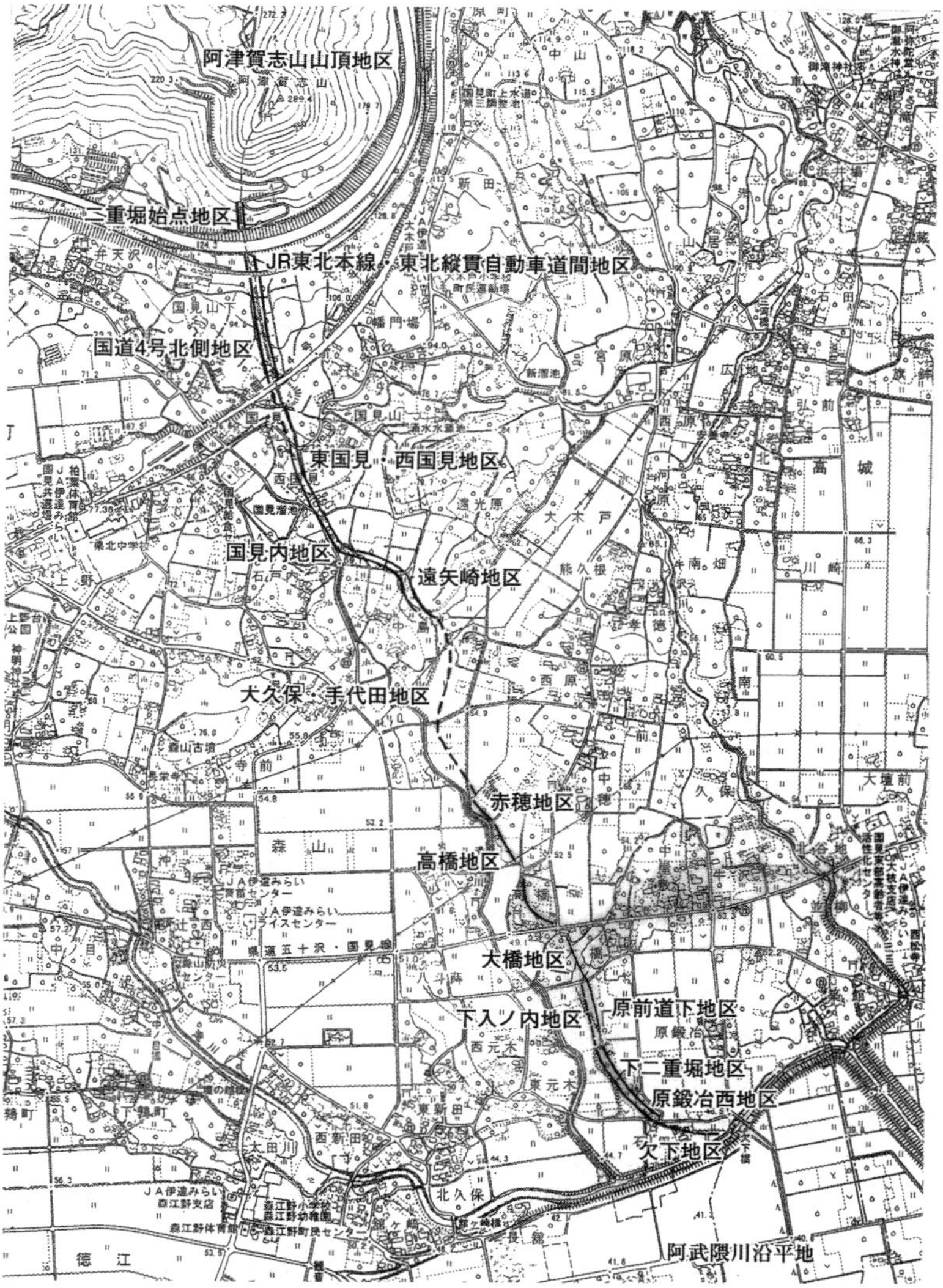

図12-1　阿津賀志山防塁全体図（木本元治他2015より）

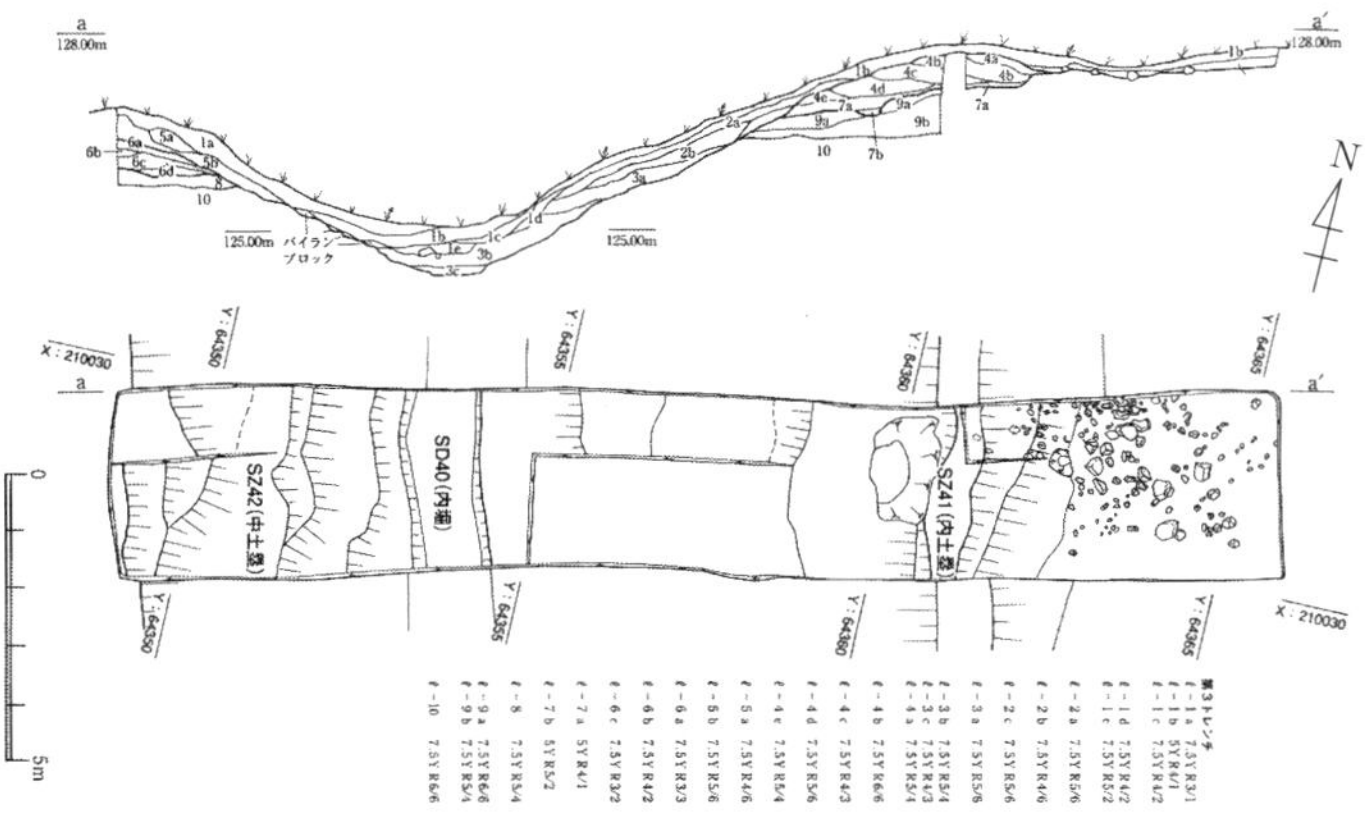

図12-2　東北本線東北縦貫道地区土塁・堀（木本元治他2015より）

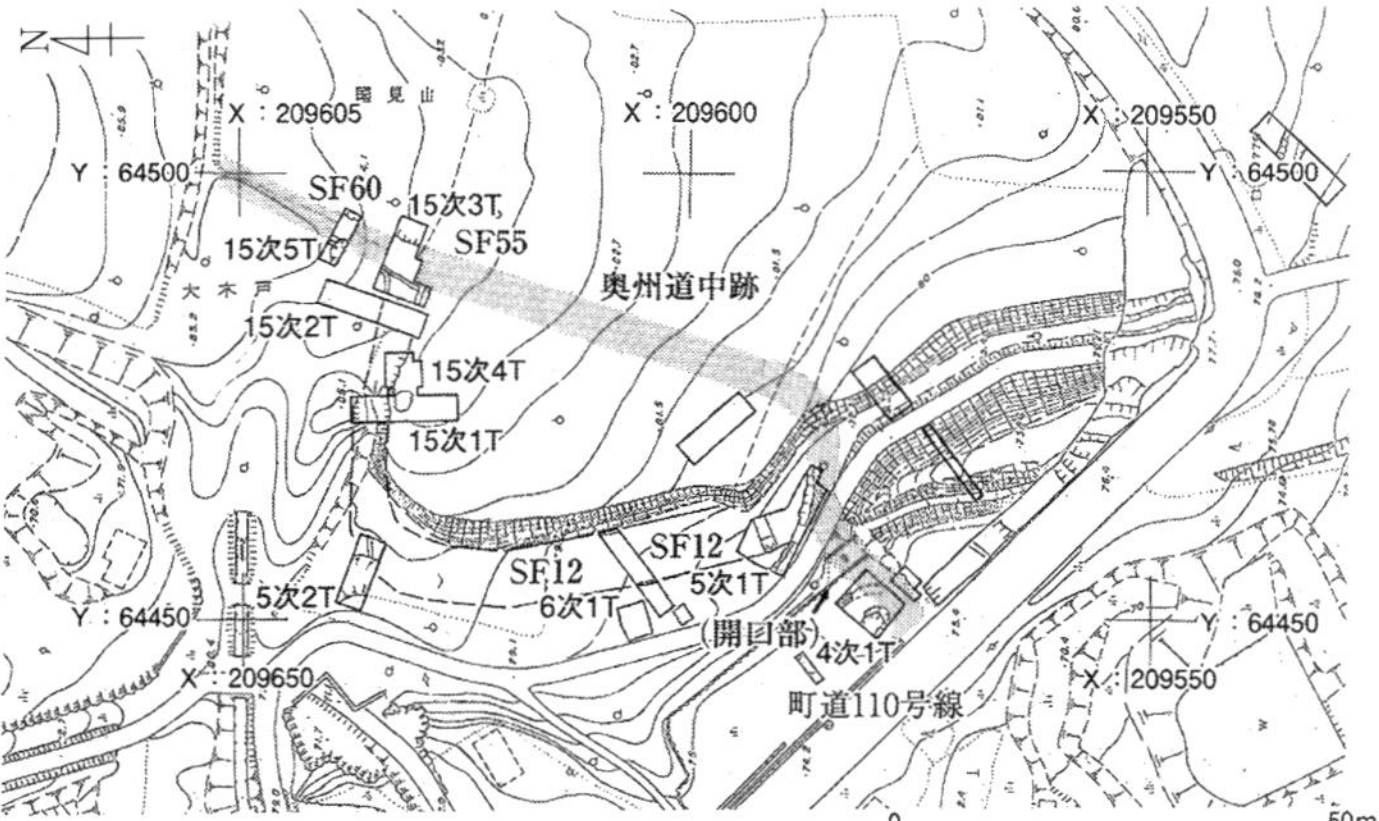

図12-3　東・西国見地区木戸跡（木本元治他2015より）

の組み合わせが確認でき、木戸跡とされた。江戸時代中期頃に成立した『奥州名所図会』では「伊達の大木戸」と推定されている。古代東山道《とうさんどう》の一部も確認されている（図12―3）。国見内地区では、外堀上端幅約四㍍、底面幅一・二〜一・六㍍、深さ約〇・八㍍の断面が箱薬研形である。遠矢崎《とおやざき》地区では丘陵の先端の一部で、二重ではなく一条の堀と土塁で構成される構造になる。

赤穂《あかほ》地区では一条の堀と内外の二重の土塁で構成され、堀上幅約六㍍、底面幅一㍍、深さ約一・五㍍で、断面が箱薬形、その北側では基底幅約四・五㍍の土塁が確認されている。高橋地区では、上端幅約八・二㍍、底面幅約二・二㍍、深さ二・二㍍の断面が箱薬研形の堀跡を確認した。原鍛冶《はらかじ》西地区では、上面幅約五・五㍍、底面幅約二・八㍍、深さ約〇・八㍍で、断面形が箱薬研形となる堀跡を確認した。底面直上には常時帯水の痕跡が確認され、「隈河の流れを堰入れ」という『吾妻鏡』の記述と合致するとされている。

これまでの発掘調査の成果を見ても、十二世紀の出土遺物はないが、『吾妻鏡』にある阿津賀志山防塁であることは明らかであろう。この二重の堀と土塁を基調とする構造は、既述のとおり、後三年合戦の清原氏の柵跡や、「平泉館」とされる平泉系藤原氏の柳之御所遺跡の堀跡内部地区に、系譜を求められることは明らかである。平泉藤原氏の軍事的な

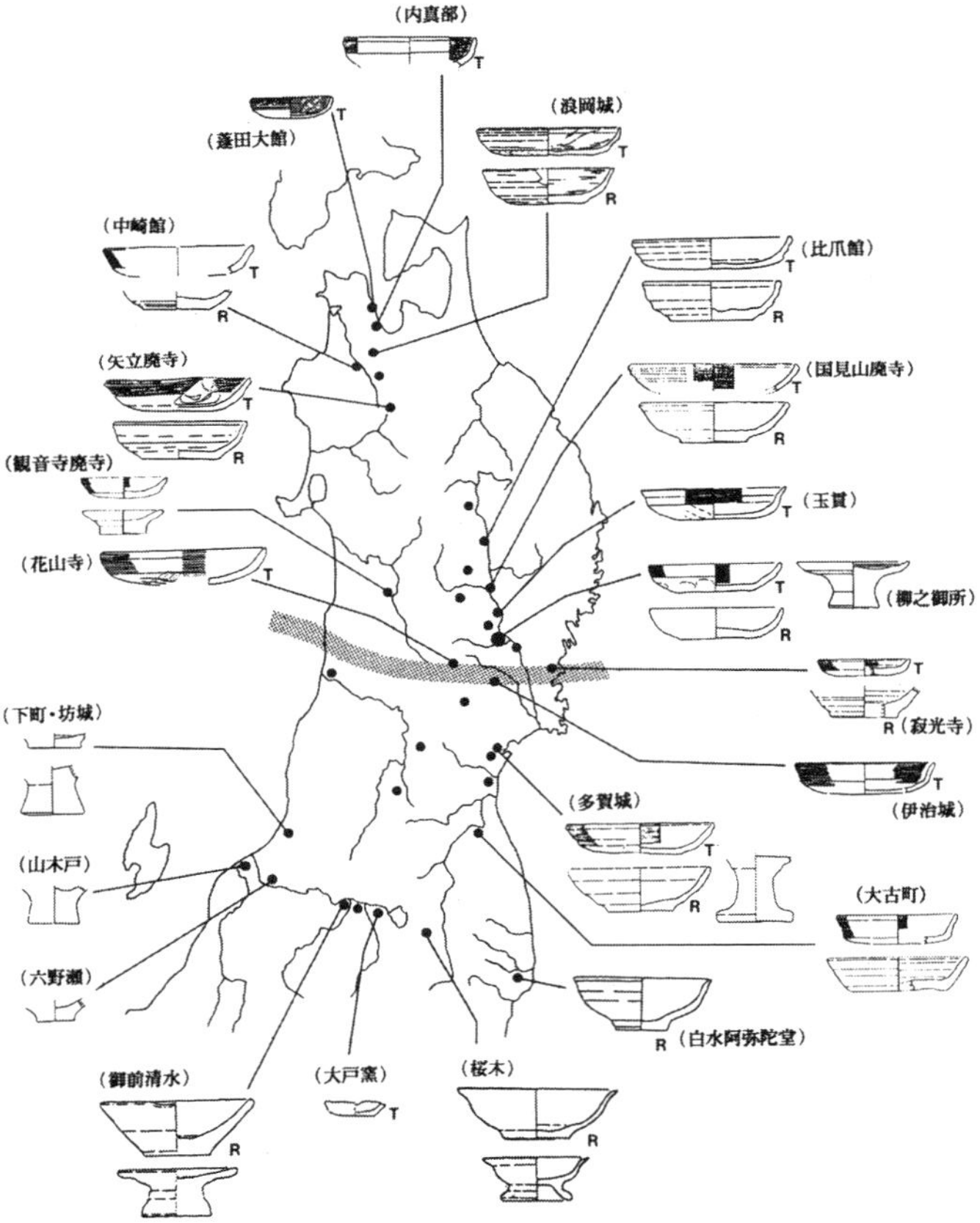

図13-1　12世紀のかわらけ分布（中田書矢2003より）

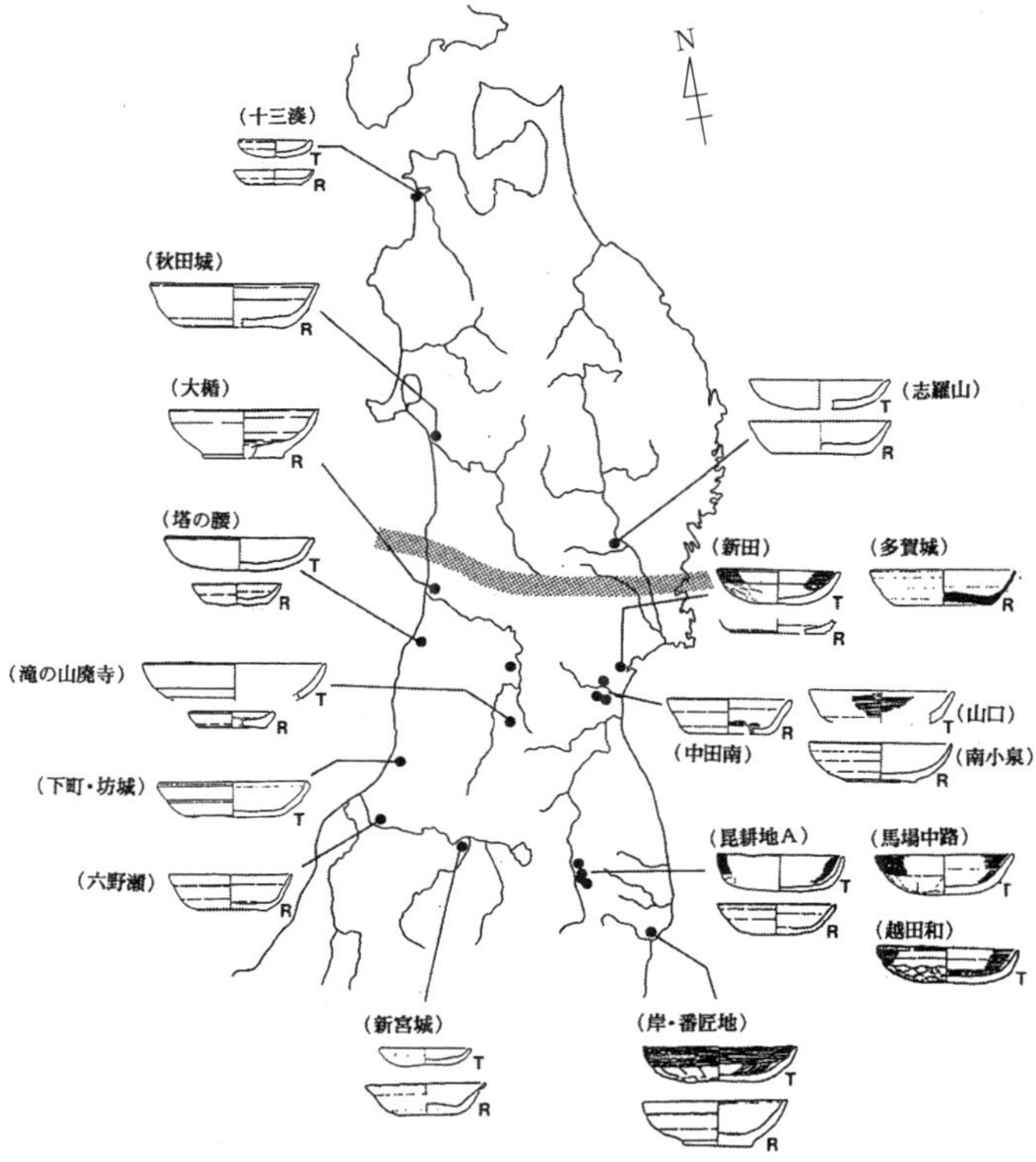

図13－2　13・14世紀のかわらけ分布（中田書矢2003より）

境界装置として、十分理解できる構造である。

平泉政権の南の境界

東北地方の中世前期のかわらけを分布論から分析した中田書矢《かくや》によると、十二世紀の陸奥北部・中部と宮城県の国府域では手づくねかわらけの比率が高く、一方、陸奥南部の福島県域では手づくねかわらけの出土が皆無であることを指摘している。そして、十三・十四世紀になると、陸奥北部・中部の手づくねかわらけの出土は激減し、陸奥南部では手づくねかわらけとロクロかわらけが一定量出土する。まさに平泉政権から鎌倉政権に政権が交代したのと呼応するように、出土分布が大きく転換していることが指摘されている（図13－1・2）。

福島県三春町越田和《こしたわ》遺跡例やいわき市岸遺跡例などは十二世紀末に位置付けることができるので、基本的な様相は現在でも中田の指摘を肯定できる。近年、宮城県南端の白石市大畑《おおはた》遺跡で手づくねかわらけの窯跡が報告された。おそらく煙管《きせる》型の地上式のかわらけ窯と推定され、大小の手づくねかわらけと耳皿と、爆ぜて剝離した土器片や粘土塊が出土している。粘土塊にスサ入りのものや、糸切り痕のあるものもある。いわゆる「平泉型手づくねかわらけ」と呼ばれる「器形・法量・調整技法・焼成・色調」で柳之御所遺跡などに類例があり、奥羽州合戦直前の一一八〇〜八九年の年代が推定されている。「平泉型手づくねかわらけ」の分布としても最南の事例である（図14－1・2）。

これは、平泉の工人が来て製作したか、あるいは在来の工人を指導して製作させたことが指摘でき、平泉政権の直接的な意図が働いている可能性が高い。前述のように福島県域

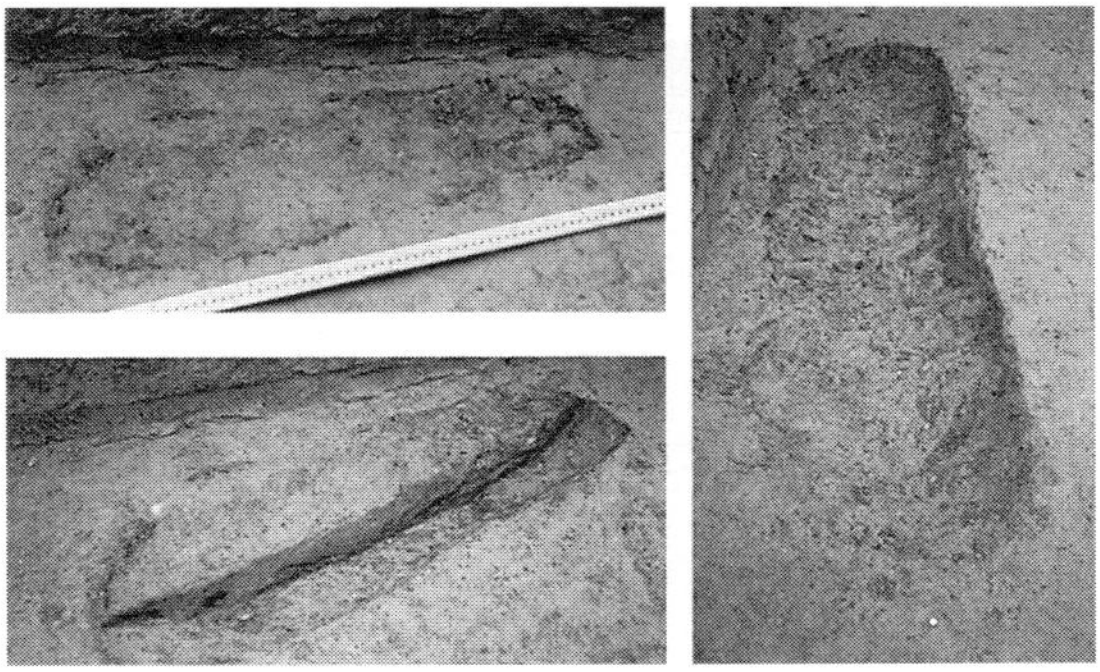

図14－1　大畑遺跡かわらけ焼成窯
（小川淳一他2017より）

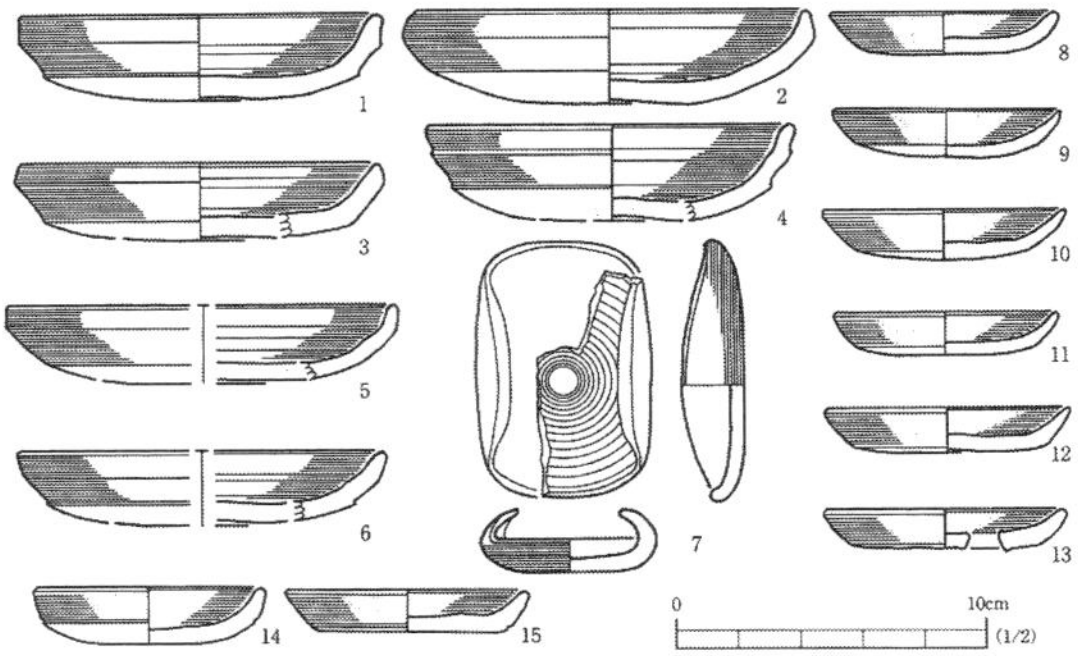

図14－2　かわらけ焼成窯出土手づくねかわらけ
（小川淳一他2017より）

では「手づくねかわらけ」が出土していないという事実と併せて考えると、平泉藤原氏の境界意識は一一八〇年代では、福島県域と宮城県域の境あたりにあることが想定でき、その意味では阿津賀志山防塁は平泉藤原氏の領域意識、境界意識を具現化したものと考えてよいようである。『吾妻鏡』のその後の記述に目立った合戦の記述がないことと考え合わせると、まさに奥州合戦の決戦場と言っても過言ではない。

鎌倉時代の城館

名取郡の鎌倉武士の居館

鎌倉武士の登場

十二世紀――平泉政権期の城館は、平面形は不整形を基調として、二重の土塁《どるい》・堀跡が巡らされることが多い。その形態はまさに奥州合戦の激戦地、阿津賀志山《あつかしやま》防塁で二重の堀と三重の土塁として構築されている。平泉政権の滅亡と、源頼朝と主従関係を結んだ家人である鎌倉御家人の奥羽への入部と軌を一にするように、方形を基調とする城館が成立してくる。

王ノ檀遺跡の周辺

仙台市の南から名取市にかけては、中世では名取郡と呼ばれた地域である。鎌倉時代には、和田義盛《よしもり》が地頭であり、和田合戦の後、三浦氏が入り、宝治合戦の後に、北条氏の惣領家である北条得宗《とくそう》領になった地域といわれている。名取郡といえば、名取熊野三山が著名であり、本宮・新宮・那智《なち》社があり、天台宗の修験道の一派である本山派修験《ほんざんはしゅげん》、熊野参詣者の案内者である熊野先達《せんだつ》が勧請《かんじょう》したとされ、早い段階から平泉藤原氏と密接な関係を持って、勢力をもっていた。また、板碑《いたび》の密集地で、四〇〇〜六〇〇基といわれる板碑群が存在している地域である。

名取熊野三山の南にある川上遺跡は那智社の遥拝所《ようはいじょ》、宿坊群が発掘されており、二日町など小字名も残り、「桑島《くわしま》長者伝説」「時頼《ときより》回国伝説」も残っている場所である。中世の鎌倉と陸奥外ヶ浜を結ぶ幹線道路である「奥大道《おくたいどう》」は川上遺跡のあたりから右上に折れ、名取川の「相い瀬のわたし」という渡川点を渡り、王ノ檀《おうのだん》遺跡に至る。おそらく中世遺跡の分布から見ても誤りはないだろうと考えている。王ノ檀遺跡の左側には「宿在家《しゅくざいけ》」などの字名も確認できる。

熊野三山の熊野新宮社では、参道の両脇に中世の宿坊群が確認されており、三〇メートル四方くらいの築地で囲まれた宿坊が並んでいる状況であった。後述する熊野大館という山城は、熊野三山の後背にあり、まさに中世を通して遺跡の宝庫であることがわかる。

発掘調査の成果

王ノ檀遺跡は三万平方メートル以上の調査をしており、中世遺構の変遷が確認できる。Ⅰ期が十二世紀後半、Ⅱ期は十二世紀末〜十三世紀中頃、

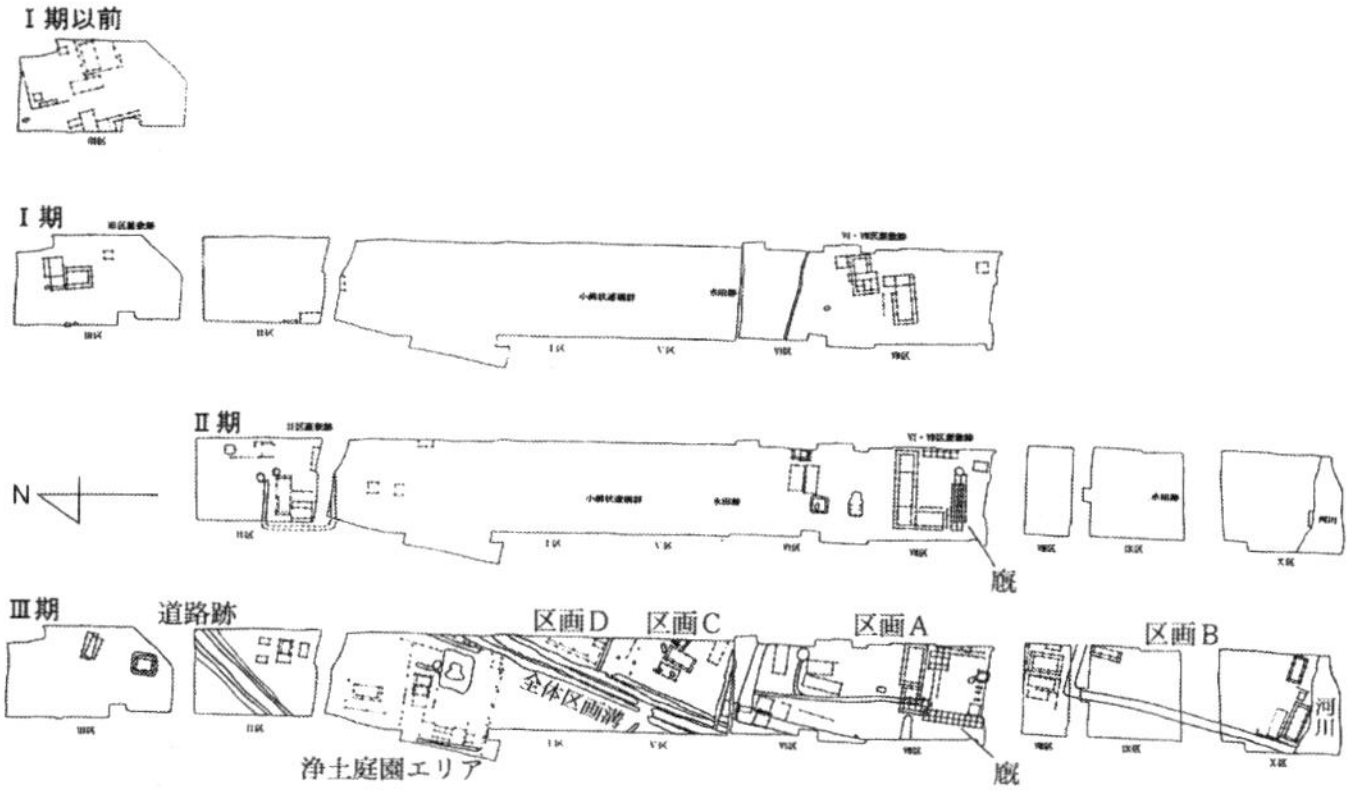

図15-1　王ノ壇遺跡の変遷（小川淳一他2000より）

Ⅲ期が十三世紀後半〜十四世紀前半となる。Ⅰ期はおそらく平泉藤原氏にかかわる在地領主の屋敷であろう。Ⅱ期は和田・三浦氏時代の現地支配のための代官屋敷的な性格で、Ⅰ期の屋敷地を発展させるようなかたちで成立している。おそらくⅠ期の十二世紀段階の屋敷の主がそのまま発展したのではないかとされている。

Ⅰ期には屋敷墓《やしきばか》があって、Ⅱ期にも同じ位置で建て替わって充実している様子がみられる。Ⅱ期の屋敷をみると、寝殿造《しんでんづくり》（平安時代に成立した貴族の住宅建築）の系譜を引く中門廊《ちゅうもんろう》の付く主屋《おもや》に、厩《うまや》（馬小屋）、持仏堂《じぶつどう》（日常的に礼拝する仏像や位牌を安置するお堂）、倉、鋳造《ちゅうぞう》工房（鋳物を作る工房）、鍛冶《かじ》工房（金属を鍛造する工房）などがみつかっており、奥羽における鎌倉初期の典型的な武士の館と考えられる（図15－1）。

発掘された鎌倉武士の居館

Ⅲ期は十三世紀後半～十四世紀前半だが、全体構造がわかる。調査では区画A・B・C・Dという区画が発見され、それを取り囲むように南北にさほど深くない全体を囲む溝がみつかっている（図15－2）。南には運河ないし水路だろうという区画が確認された。さらに東側は名取川の支流荒川で区画され、全体で四二〇メートル×二〇〇メートルの規模となる。調査者によると溝は防御的な機能よりも、結界的な性格が強いのではないかと指摘している。

区画内に「皿屋敷《さらやしき》」「北屋敷《きたやしき》」などの字、古墳群が近くにあり「王ノ壇」という小字名もある。屋敷群の左側にある幹線道路も発掘され、奥大道であろうと考えられる。幹線道路と全体区画溝のあいだを枝道が通っており、区画Aの北西コーナー部分で橋脚がみつかっている。この場所から直線でたどっていけば「春日社《かすがしゃ》」があり、その直線上に「鳥居《とりい》塚《づか》」などの地名が残り、おそらくこの宗教施設を貫く、聖なる基準線として機能していた可能性がある。さらにそのはるか西方には、標高約三二〇メートルの太白山を遠く望むことができ、構成要素となっていたことが示唆される。

内部構造は、Ⅲ期の区画Aは、中心の屋敷とみて間違いない。八〇メートル×一〇〇メートルの規模で、堀は幅約三〜四メートル、深さ約一・三〜一・六メートルで、箱薬研形《はこやげんがた》の断面形である。土塁が付随する可能性もあり、一定の防御性があったと考えられる。中心建物は中門廊のつく大型の掘立柱建物で、南面している。その西側には桁行き一〇間になるだろうという床張りの廐、持仏堂なども発見されている。広場をはさんで北側には井戸や倉庫、広場の南には鎌倉でも検出されているような石敷きの竪穴建物（倉）がある。主屋の北側の空間は馬場になるであろうと指摘される。屋敷の北西隅には櫓《やぐら》、橋脚がかかっている（図15－2）。

東北地方南部は中世遺跡の遺物の出土が少ないが、その中で出土遺物は一二〇〇点を越えており、その八〇％が区画Aに集中している。平米当たり〇・三二点となり、小数点二桁以下が福島・宮城県の通例であるので、およそ一〇倍の出土量となる。

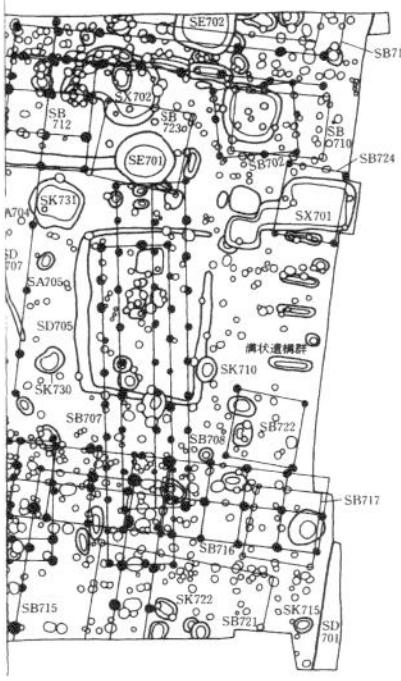

奥大道に面した「都市的な場」

区画Bは、七五メートル四方で区画され、運河に面している。空白地の多い区画で、調査者は市場空間ではないかと推定している。運河に面した建物が物資の収納や管理を行う施設で、北側にある建物は、市神的な施設ではないかと推定されている。私もそ

図15－2　王ノ壇遺跡区画Ａ平面図（小川淳一他2000より）

れに近いような遺構の空白の多い区画ではないかと考えている。ちなみに、区画Ａ・Ｂのあいだは、下人層の屋敷ではないかとされている。

区画Ａに連続する区画Ｃは、遺構の空白が多く、土坑墓などが発見されているほか、供養石塔である板碑・宝篋印塔《ほうきょういんとう》・数珠《じゅず》などが出土しているので、寺院であろうと推定されている。寺院が二つ並んでいるような形で、禅律《ぜんりつ》寺院の可能性を調査者は指摘している。しかも、二つの寺院が奥大道に近接していることから、ある意味では辻堂的な、あるいは接待所的な寺院という見方もされている。この寺院については区画Ａが十四世紀前半に火災によって廃絶した後も、ある一定の期間継続している。つまり、中心区画の屋敷がなくなってからも、区画Ｃ・Ｄの寺院は継続していることが読み取れる（図15－3）。

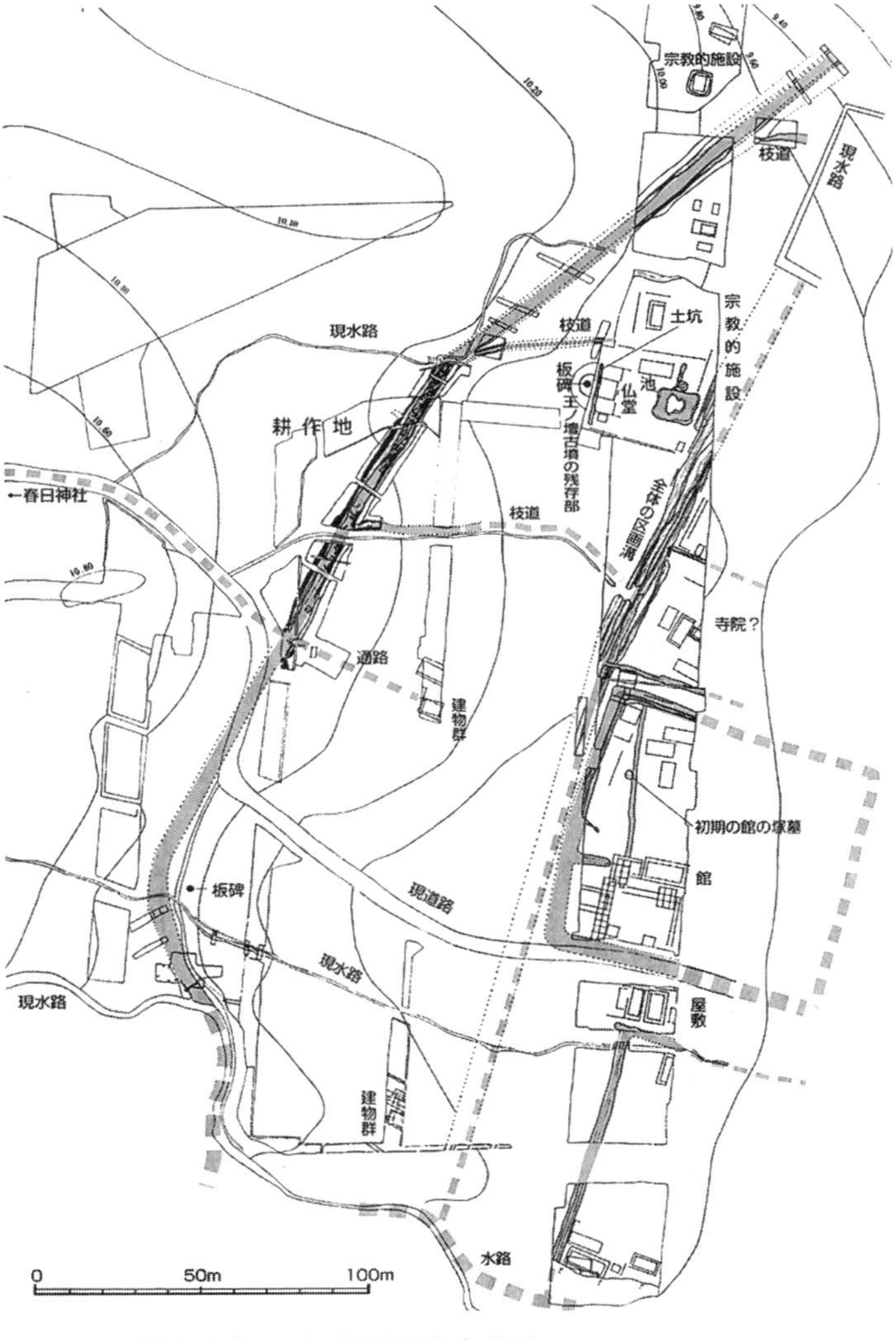

図15-3　鎌倉時代の王ノ壇遺跡と奥大道（仙台市史編さん委員会2000より）

地域の聖地・霊場

もう一つ注目されるのは、仏教の浄土思想の影響を受けたとされる臨池式の浄土庭園《じょうどていえん》エリアと呼ばれる空間である。下の段の塀で囲まれた区画は、浄土庭園エリアである。方形の中島をもつ池の西側に、阿弥陀仏を安置した阿弥陀《あみだ》堂ではないかというお堂が建っている。面白いのはこの周辺に火葬骨が多く出土していることで、ある時期からは分骨して骨を納める骨堂的な性格をもっていた可能性がある。調査区の西側には古墳があって、そのマウンドを背景にして浄土庭園エリアが成立しているのではないかと指摘されている。さらに古墳のマウンドを越えて西のほうを望むと、仙台平野では目立つ山である太白山が見えるというように、聖なるラインを形成している。

先にも述べたように、阿弥陀堂風の建物の周辺から火葬骨が多く出るということは、詳細な分析はまだであるが、分骨するような場、宮城県でいえば松島の雄島《おしま》のように分骨・納骨《のうこつ》的な機能も持っていた「ミニ霊場《れいじょう》的な空間」という言い方ができるのではないかと考えている。阿弥陀堂風の庭園エリアについても、鎌倉時代の区画Aの遺構が廃絶したあとも機能していることが指摘されている。

両側側溝の奥大道の両脇の建物は、道路というよりは屋敷区画に規制されるようなかたちで、計画的に掘立柱建物《ほったてばしらたてもの》が配置され、その周囲には方形竪穴建物《ほうけいたてあな》が分布するという構成になっている。さらに、細長い廐風の建物もあることから、調査者は物流にかかわって宗教者か公権力が管理した施設ではないかという見方をしている。また、溝で囲まれた掘立柱建物があるが、こうしたものも宗教施設、お堂・辻堂・祠のようなイメージの施設であろうと考えられている。

名取郡の支配拠点

区画Aは遺跡の背景からみても、北条得宗領である名取郡北方《きたかた》に新しい勢力が入っていること、出土遺物や新たな拠点の整備も考え合わせると、名取郡北方の政所的な施設と推定されている。

さらに「奥大道」との関連で考えれば、『吾妻鏡』建長八年（一二五六）六月小二日条に、奥大道で夜盗・強盗が出没して、往還の旅人の難儀になっているので、道沿いの地頭二四人に命令を出し、早々に自分の領地内の宿に宿直《とのい》の部下を置いて警固させなさい、という史料がある。

この記述を考慮すると、「宿直屋《とのいや》」、あるいは「警固屋《けいごや》」などの性格を考えることもできる。区画Bは館・市的な性格、区画CDは寺院としての性格として道にかかわっての勧進《かんじん》なども考える必要がある。さらに、浄土庭園エリアという「ミニ霊場」も備えていることは注目される。

　このように鎌倉時代の地域拠点の一例ではあるが、周知の通り、館が単独で成立しているのではなく、館と寺院の連合体であり、さらに市、厩などの流通に関わる場、あるいは「ミニ霊場」のような施設が存在して、はじめて一つの地域支配拠点を形成している。

奥大道に面した安積郡の宿と館

発掘された鎌倉時代の宿

次に、同じく鎌倉時代になって成立する宿《しゅく》と、それに付随する館について みてみたい。福島県郡山市荒井猫田《あらいねこた》遺跡は福島県郡山市に所在し、一九九六～二〇〇三年にかけて十七次調査が行われた。約七万二〇〇〇平方㍍に及ぶ広大な面積が調査され、一部が現状保存された。

荒井猫田遺跡は阿武隈川の西側、支流である笹原《ささはら》川と南川に挟まれた河岸段丘上に立地し、遺跡の中ほどに埋没河川（作内川《さくうちがわ》）が東流し、阿武隈川に注いでいる。この埋没河川の南側に鎌倉時代の「町」があり、北側に室町～戦国時代の館・屋敷群が展開する。遺跡のある阿武隈川の西側は中世には安積《あさか》郡であり、奥州合戦後、伊豆国の工藤祐経《すけつね》の所領と

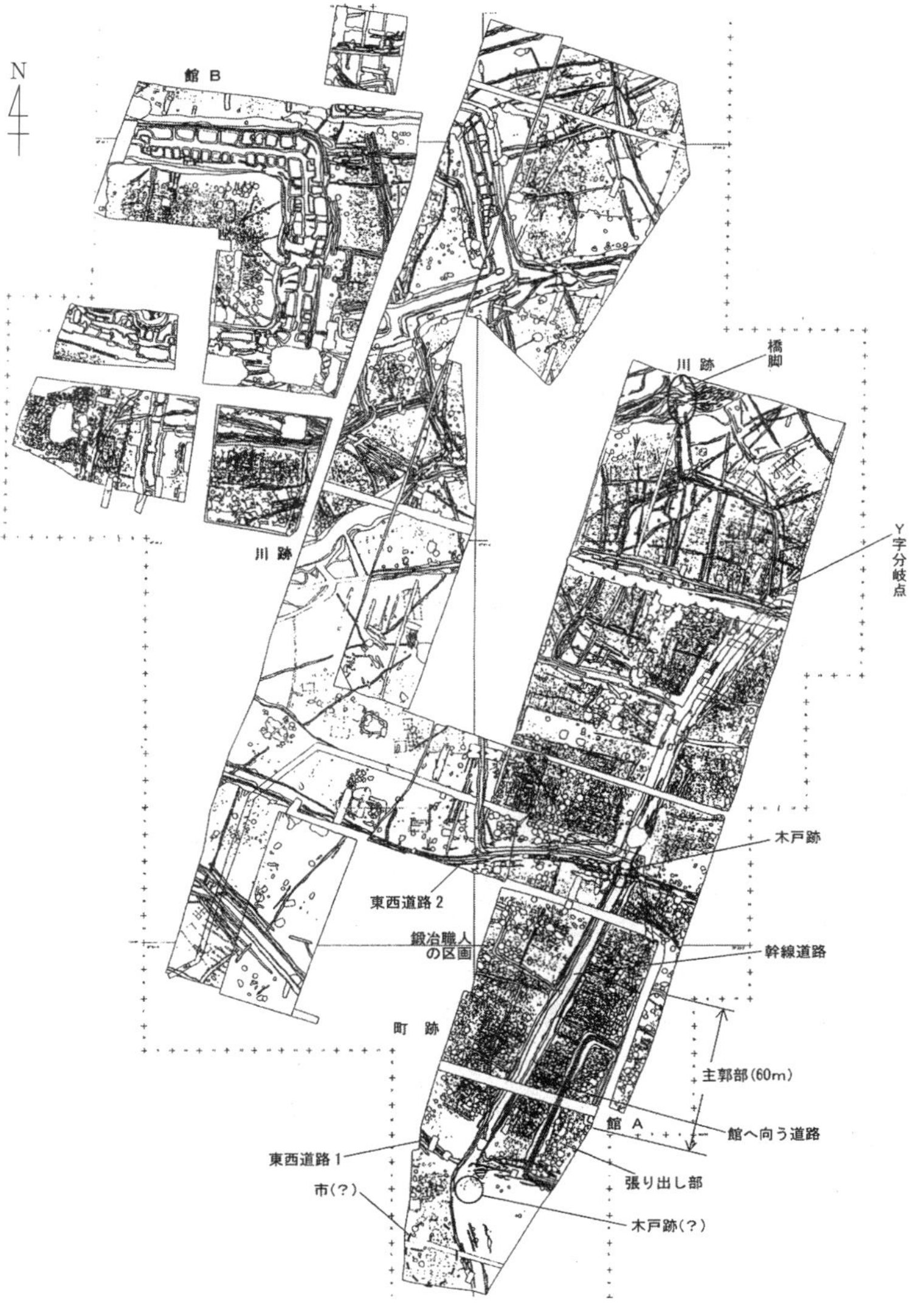

図16-1　荒井猫田遺跡全体図（藤原良章・飯村均他2007より）

なり、二男祐長《すけなが》が下向して伊東氏を名乗り、伊東氏一族が開発したと考えられている。
遺跡では両側側溝の道跡が七条調査され、路面幅は本来四〜六メートルであったと推定されるが、三回以上の改修により調査時は一・五〜三メートルの路面幅となっている。「奥大道《おくたいどう》」と目される遺跡を南北に貫く道を約三〇〇メートル調査し、これと交差する東西道跡がある。南北道跡には木戸《きど》が二ケ所確認され、中央付近の木戸は少なくとも三時期の作り替えがあり、木戸穴はやや大きく、礎板や根石を伴う特徴がある。木戸と木戸の間隔は一二〇〜一三〇メートルとなる（図16－1）。

南北道跡が直線となる約二八〇メートルの範囲に町屋が展開し、二万五〇〇〇基以上の柱穴が確認され、道に面して間口二〇〜三〇メートル、奥行約二五メートルの規模の町屋が並ぶことが明らかとなった。町屋奥側に帯状に井戸跡は並び、「平入り」の町屋が推定できる。町屋からは曲物・下駄の未製品や漆容器が出土し、曲物・下駄の職人や塗師の存在が推定される。

館の様相

北側木戸付近で交差する東西道跡の北と南に溝で画された区画があり、南側区画には鉄滓《てっさい》（金属を製錬するときに溶融で分離した滓）・羽口（金属を溶かすときに炉に風を送る管）・「鎗の形代《かたしろ》（神霊が依りつく依り代）」などが出土し、鍛冶職人の存在が推定された。北側区画は溝で区画された、一辺八〇メートルの矩形の門がある屋敷地であり、小型の方形竪穴遺構が多く検出され、井戸跡から茶臼や折敷がまとまって出土し、板碑などの石造物も出土している。

　南側木戸跡の北東の「館A」は、一辺六〇メートルの堀で区画された主郭部と、南北道跡に向かって張り出す、堀で区画された郭があり、複郭となる。そこから南北道跡に接続する「引き込み道」がある館を区画する堀は上幅二～七メートル、深さ一・二～一・七メートルの断面が箱薬研形である。土塁は確認されていないが、可能性は否定できない。単郭の館Aの西側に郭と道が付け加えられて、南北幹線道に接続した可能性が高く、館が南北の道跡成立と前後して、「館A」が成立していた可能性が高い（図16－2）。

　町屋は木戸跡の北・南にも展開し、遺跡北側の埋没河川と南端の低地が地形的に町を画している。町北側の埋没河川には「板橋」が架かり、十二～十五世紀の陶磁器が出土しているほか、呪符《じゅふ》・笹塔婆・古銭などが橋脚付近からまとまって出土し、町を画する境界（結界）施設と考えられた。

出土遺物と年代

　遺物は主に井戸跡から出土し、輸入陶磁器は一九九点で青磁碗が多く、国産陶器は二一五七点で愛知県の常滑、奥羽の中世陶器、素焼きの土器皿であるかわらけ、愛知県の渥美、愛知県の施釉《せゆう》陶器である古瀬戸の順で多い。高橋学

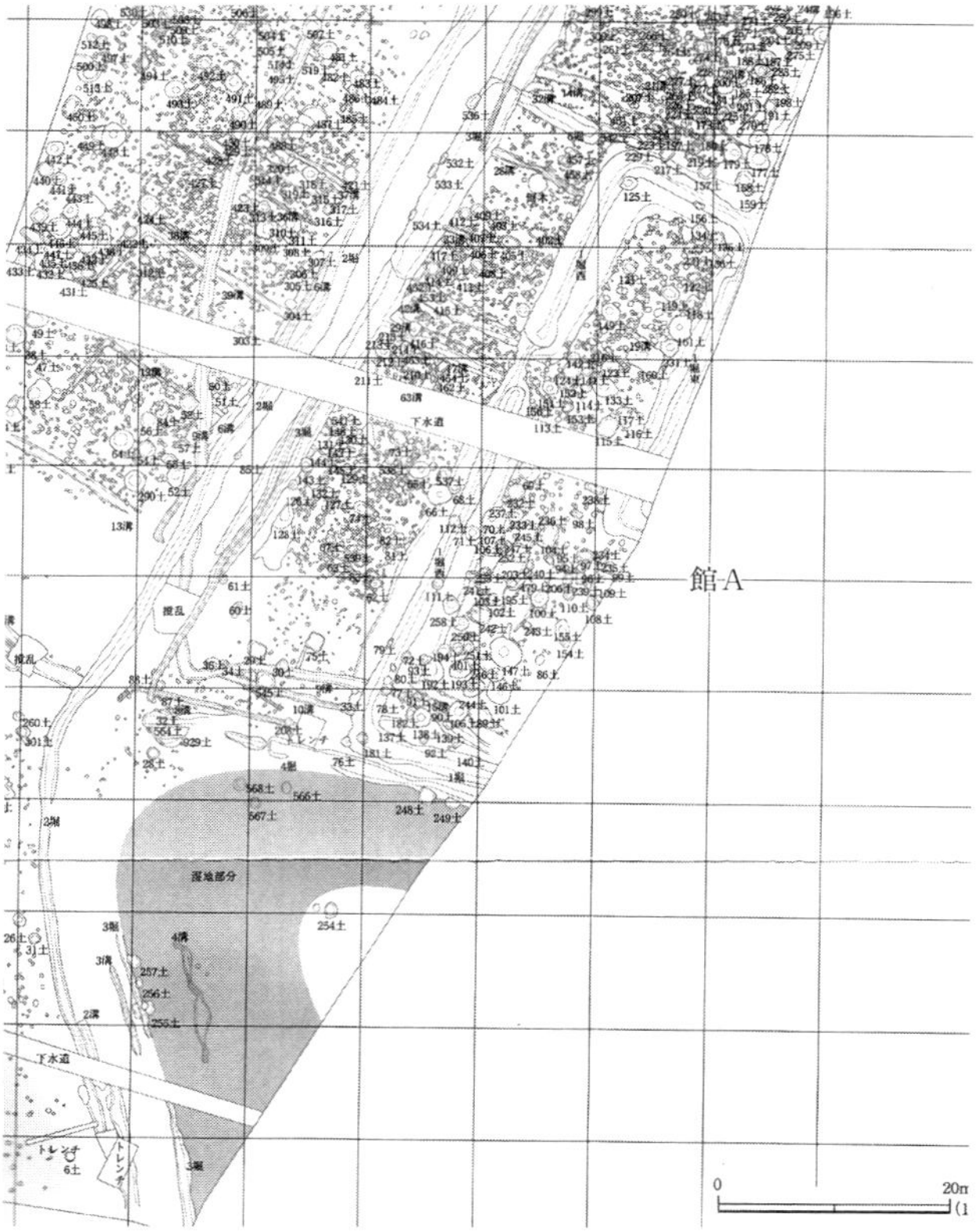

図16-2　荒井猫田遺跡「館A」（高橋博志他1998より）

などによると、瀬戸の山茶碗の出土は流通拠点であることを表しているとされている。また、かわらけの比率は約一五％と多くはない。出土遺物は十二～十四世紀前半を主とする。ほかに曲物、薄板で作った縁付きの白木のお盆である折敷《おしき》、箸、漆器椀・皿、砥石、古銭などが出土し、生活感が強い。

遺跡の変遷

遺跡は鎌倉幕府の成立とともに十二世紀後半には成立し、十三～十四世紀前半に盛期があり、鎌倉幕府の滅亡とともに廃絶・移転したと考えられる。十二世紀後半には南北幹線道跡と「館Ａ」の主郭部とその西側の町や木戸がまず成立し、十三世紀に「館Ａ」の西側の張り出し部や引き込み道が作られ、木戸が北にも作られ、町が北に向かって発展した。十三世紀後半から十四世紀前半には木戸の作り替えが行われるが、十四世紀中頃には、宿と考えられる町は廃絶・移転する。その背景には、政権交代に伴う流通拠点や流通経路（奥大道）の変化が想定される。また、館の造営主体については、既述のように安積郡に下向してきた、伊豆の伊東氏であることが指摘されている。

以上、鎌倉時代に成立してくる地域支配のための館の事例を見ると、内水面交通や陸上交通の結節点に位置し、方形を基調として、一辺は半町より大きく一町に欠ける規模である。断面は箱薬研形で、幅七尺以上、深さ三尺以上の規模で、土塁も付随する可能性があり、一定の防御性はある。館内部には王ノ壇遺跡例によると、寝殿造系の主殿や厩、持仏堂、倉、櫓、屋敷墓などで構成される。館周囲には幹線道路を核として、寺院、霊場、市《いち》庭《にわ》あるいは宿などが推定されている。これは、鎌倉時代の地域支配の拠点の一形態と考えることができる。

南北朝時代の城館

南北朝時代の山城

南北朝の動乱

鎌倉幕府の倒幕と建武の新政の崩壊を受けて、京都の北朝と吉野の南朝が両統迭立し、全国の守護・国人がそれぞれの利害により、それぞれに与して、戦乱を繰り広げた。奥羽でも建武の新政で、元弘三年（一三三三）に義良《のりなが》親王を奉じて陸奥守北畠顕家《あきいえ》が陸奥国府に入り、陸奥の平定を進めた。足利尊氏が後醍醐《ごだいご》天皇に反旗を翻すと、顕家は西征して九州に足利尊氏を追い落とした。しかし、陸奥国府周辺では北朝方が勢力を振るい、延元二年（一三三七）に国府多賀城は北朝の手に落ちた。そのため顕家は義良親王を奉じて、霊山《りようぜん》に入り、国府を移し、さらに吉野に逃れた後醍醐天皇の命により西上するが、足利方と戦い、討死する。

死後、弟北畠顕信《あきのぶ》が鎮守府将軍に任ぜられて、延元四年に義良親王を奉じて、陸奥に向かい、霊山を拠点に活動するが、正平二年（一三四七）に霊山が落城する。足利尊氏と弟直義の対立である観応《かんのう》の擾乱《じょうらん》などを契機に南朝方は一旦勢いを盛り返すものの、奥州管領吉良貞家《きらさだいえ》に追われた。顕信は宇津峰《うつみね》城に移るが、正平八年に落城する。

北畠顕家が拠った山城

霊山城は、阿武隈高地の北部、福島県の中通りと浜通りの境界の独立峰に立地し、伊達市・相馬市に位置する。貞観元（八五九）年に比叡山《ひえいざん》座主《ざす》円《えん》仁《にん》（慈覚大師《じかくだいし》）が開山したといわれる「南岳山山王院霊山寺《なんがくさんさんのういんりょうぜんじ》」という山岳仏教寺院に成立した。延元二年に北畠顕家が国府を霊山寺に移して籠城したことで著名となった。標高八〇〇メートルを越え、現況で遺構が推定されている範囲は、東西約六〇〇メートル、南北約八〇〇メートルとなり、城域の可能性が考えられている（図17－1）。

山頂に近い国司池（松賀池）と通称される湧水を中心に二〇余りの坊院がある。山頂には、東西約五〇メートル×南北五五メートルの土塁《どるい》に囲われた空間があり、空間内部の西側には、庭園の存在も推定されている。土塁は高さ約一・五メートル、基底幅約三メートルで、土塁外側に堀が推定される。南側斜面下方には二重の土塁と堀が確認できる。この南下の削平地には礎石建物跡があり、「国司館《こくしたち》」と呼ばれている。松賀池の周囲には長方形に低い土塁が巡り、城の

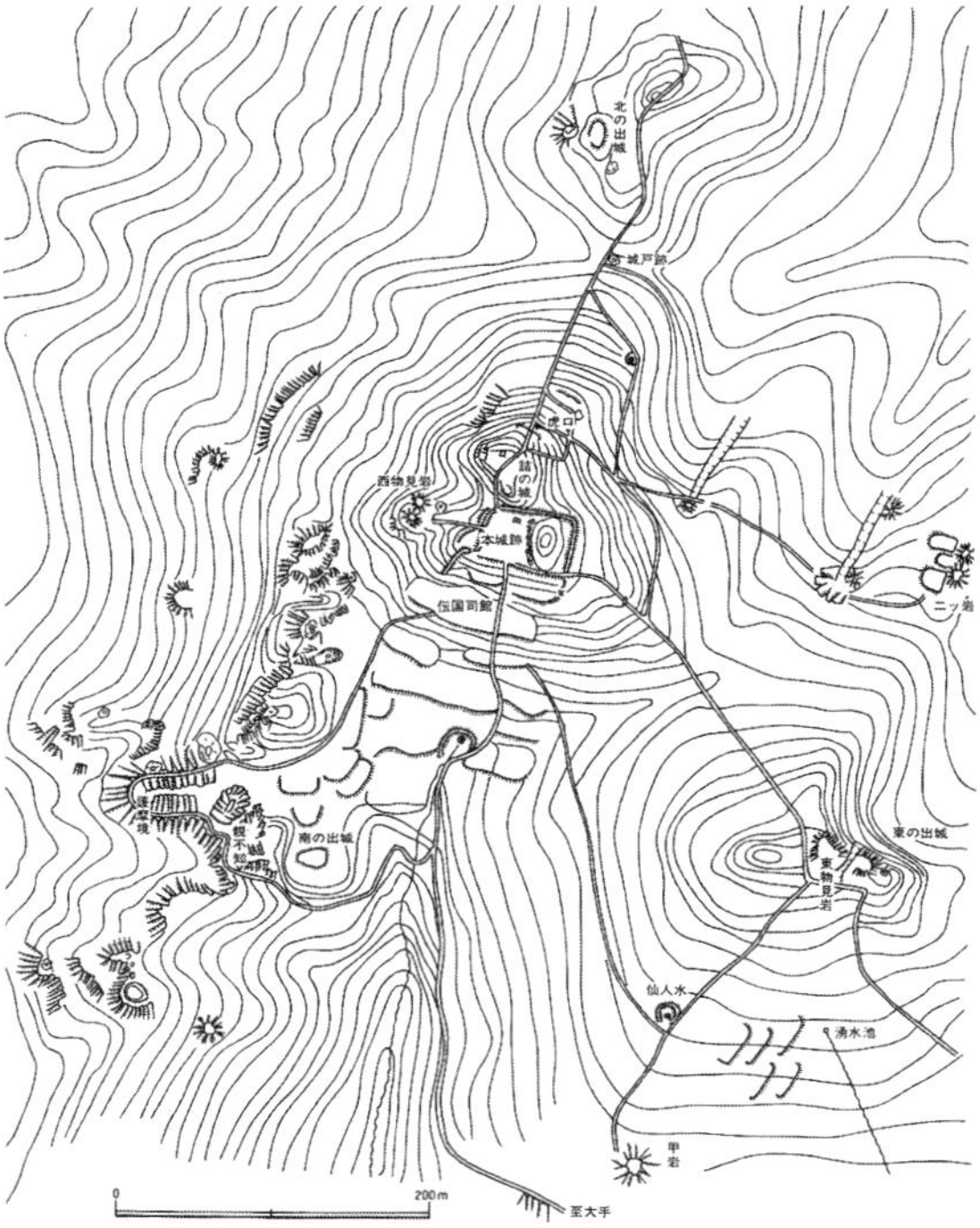

図17－1　霊山城縄張図（福島県教育委員会1988より）

「水の手」となる。「国司館」西方、東方に西・東物見岩（物見台）があり、北方、南方にも削平地などがある（図17－2）。霊山城二ツ岩で大正年間に岩穴の中から発見された、ほぼ完形の青磁の花盆《かぼん》（室内に飾る植木鉢）と盤《ばん》は、一三二三年に沈んだとされる韓国新《しん》

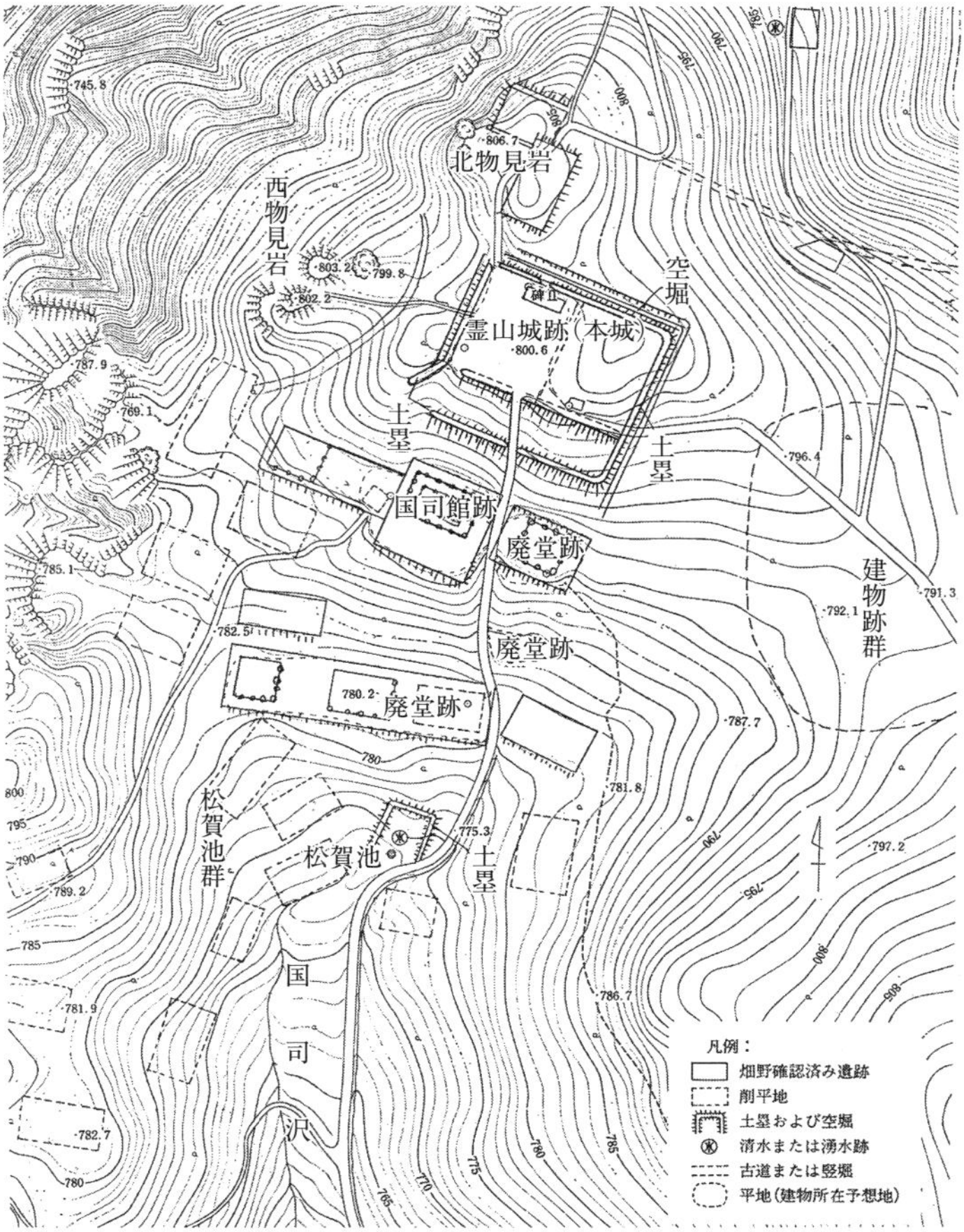

図17-2　霊山城要図（目黒吉明他1978より）

安沈船《あんちんせん》の青磁に共通し、国府に相応しい優品である。

方半町程度の、土塁で囲われた長方形の空間は、庭園を伴う可能性があり、室町期将軍邸などを彷彿とさせる印象で、南朝期の遺構の可能性が高い。「国司館」と呼ばれる礎石建物は、寺院堂舎を改築して作られているといわれており、礎石建物の建て替えが確認されている。複数の削平地には礎石建物が確認されているが、時代や機能――寺院か、山城か――は不分明であるので、これ以上は触れることはできない。しかし、南北朝時代に、山岳仏教寺院が城郭化された事例として確認できる。

最後の合戦の舞台

宇津峰城は阿武隈高地西端の独立峰に立地し、福島県須賀川市と郡山市に位置する山城である。標高六九七メートルの宇津峰山山頂に立地し、比高差約三〇〇メートルとなる。築城および城主は、南朝に与した田村氏の一族と推定されている。正平七年（一三五二）に北畠顕信が守永王《もりながおう》を奉じて宇津峰城に拠り、正平八年に落城して、陸奥南部における南朝と北朝との合戦の最後の舞台となった。

垣内和孝によると、宇津峰城は大きく四つの曲輪《くるわ》群で構成され、山頂に「星ヶ城《ほしがじょう》」、その西側に宇津峰神社のある「千人溜《せんにんだまり》」、東側に「長平城《ちょうへいじょう》」、「千人溜」の北西に「鐘突堂」がある。「星ヶ城」は狭い山頂部で削平が甘く、「千人溜」は土塁で囲まれているが、

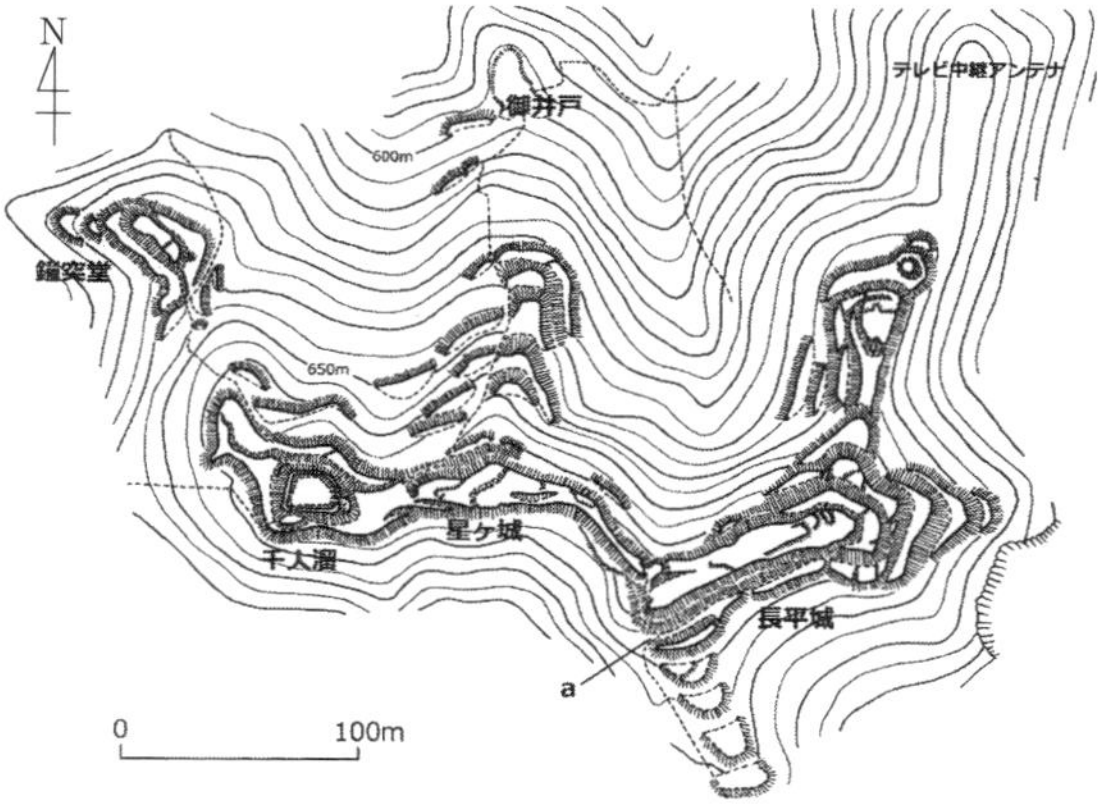

図18　宇津峰城縄張図（飯村均・室野秀文他2017より）

区画内に宇津峰神社がある。「鐘突堂」はやや離れていて、独立性がある。「長平城」は最も広い占地であり、南に延びる尾根には不明瞭ながら曲輪群があり、堀切が確認できる。「星ヶ城」の土塁については疑念が残るが、南北朝時代に築城されて、一三五二年に落城した山城と考えてよさそうである（図18－1）。

南北朝時代の居館

相馬氏の本拠

福島県南相馬市小高城《おだかじょう》は小高川北岸の河岸段丘が南へ張り出した標高約二〇㍍の丘陵上に立地し、東西約三〇〇㍍、南北約二五〇㍍の規模である。「本丸」に相馬三妙見《みょうけん》の一つである相馬小高（妙見）神社が鎮座し、この神社で国重要無形民俗文化財「相馬野馬追」の中心的な神事で、神馬を捕らえて神前に奉納する「野《の》馬掛《まがけ》」が行われる。

本城のある行方郡《なめかたぐん》（現・福島県南相馬市ほか）は中世を通じて、相馬氏の所領であった。相馬氏の祖・師常《もろつね》は治承四年（一一八〇）の源頼朝の挙兵に参加し、鎌倉幕府創設に貢献する。その後、相馬胤村《たねむら》の相続を巡って対立が生じ、鎌倉時代後期になると相馬一族内の対立が顕在化し、争論が展開する。この頃、重胤《しげたね》が奥州に下向し、争論で幕府が重胤に発給した文書に「小高孫五郎」であったことから、小高が本拠であったとされる。

史料にある居館

南北朝期の内乱過程で、相馬一族は多くが北朝に与し、一部南朝で行動している。建武二年（一三三五）重胤は行方郡奉行と伊具《いぐ》（現・宮城県角田市・丸森町）、亘理《わたり》（現・宮城県亘理町・山元町）、宇多《うだ》（現・福島県相馬市・新地町）、行方四郡、金原保《きんばらほ》（現・宮城県丸森町・福島県伊達市北部）の検断《けんだん》（警察、裁判に関する職務）を武石氏《たけいし》とともに命じられている。

建武三年（一三三六）に鎌倉にいる重胤は次男光胤《みつたね》に「於国可楯築事書目六　定　一、奥州行方郡内小高堀内構城郭」と、小高城築城を命令している。重胤は北畠顕家軍に鎌倉で遭遇して戦死、建武三年三月には顕家の奉行である広橋経泰《ひろはしつねやす》が小高城を攻撃し、光胤がこれを撃退している。相馬氏は鎌倉時代後期に下向し、小高を本拠に土着した。そして南北朝の動乱期に向かう情勢の中で、小高の堀内に城郭を構えた。

また、建武四年の親胤《ちかたね》の子胤頼《たねより》着到状には、去年五月国司下向の時、「東海道為小高楯致合戦」と記されている。暦応二年（一三三九）の胤頼軍忠状では、「顕家卿攻小高城之時」に一族が多く討ち死にしたとある。建武四年の相馬成胤《しげたね》子息の軍忠状によると「亡父成胤□奥州行方郡□高城討死」「爰為国中静謐、相馬孫五郎重胤屋形構城郭」とある。小高城では一族が討死するほどの激戦があり、「国中静謐《せいひつ》」のため「屋形」に「城郭」を構えたとしている。この内乱期に親胤は所領拡大に努め、その所領は相馬惣領家の所領の核として相伝されている。しかし、十五世紀初頭に至っても相馬氏は、行方郡を一円的に支配できる状況ではなかった。一方、行方郡の支配を強めた相馬隆胤《たかたね》は標葉《しねは》郡（現・福島県大熊・双葉・浪江町ほか）へ侵攻する。

伊達氏の天文の乱では顕胤《あきたね》は伊達稙宗《たねむね》方として活躍し、伊達・岩城・佐竹氏と対立する。義胤《よしたね》の時期には天正十二年（一五八四）伊達氏との和睦をはじめとして、三春方面への出陣、天正十七年の伊達政宗の相馬攻め、天正十八年の伊達氏との戦闘などがあった。天正十四・五年頃には義胤宛てに奥羽惣無事令が発せられ、天正十八年の奥羽仕置で最終的に四万八〇〇〇石領地宛行の朱印状を獲得した。利胤《としたね》は慶長二年（一五九七）に本拠を小高城から南相馬市牛越《うしこし》城へ移すが、関ケ原合戦の国替の危機の回避後、慶長八年に再び本拠を小高城に移し、慶長十六年に本拠を相馬中村城に移し、小高城は廃城となった。

小高城の現況と調査

城北側を幅約二〇メートルの堀切で丘陵と切り離し、不整の平行四辺形の独立丘陵が、土塁・空堀で「本丸・南二の丸・北二の丸・馬場」の四つの曲輪に区画されている。「本丸」は平面形が三角形を呈し、北から西に基底幅二〜一〇メートル、高さ二〜三メートルの土塁が巡る（図19−1）。

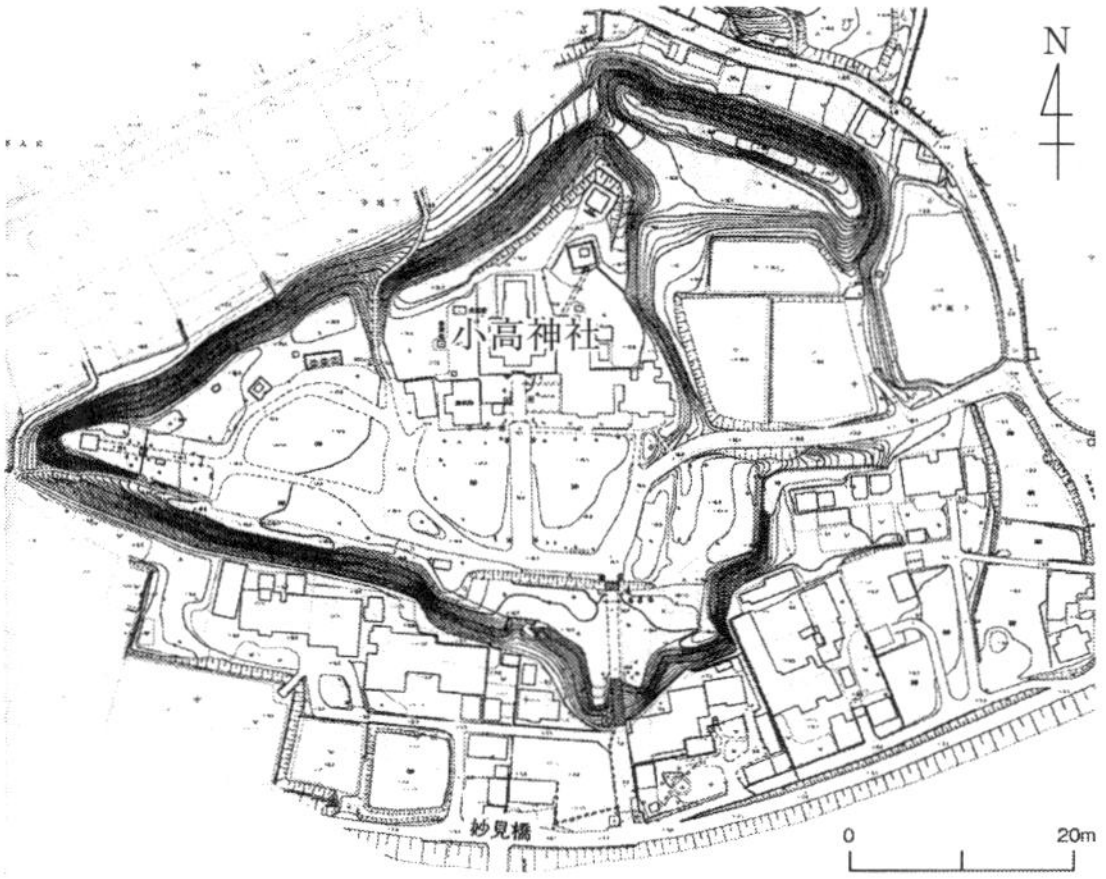

図19　小高城地形図（飯村均・室野秀文他2017）

「本丸」南側に一・五メートルの段差で「南二の丸」があり、北側に「北二の丸」があり「本丸」と上幅約一〇メートルの空堀で画され、堀切に面して基底幅約一〇メートル、高さ約二〜四メートルの土塁が巡る。「本丸」東側で約七メートル低い水田面が「馬場」と俗称され、東側が弁天池で画されている。城東から入る弁天池南の現道が土橋と考えられ、大手道とされ、「本丸」東に食い違いの虎口が想定されている。基本的には、現況は慶長十六年の姿のようである。

「本丸」の調査では、繰り返し建て替えられている掘立柱建物と火災の痕跡が明らかになり、土塁では火災痕跡と土塁の積み直しが確認できた。出土遺物は十三〜十六世紀で、中国産の青白磁梅瓶《めいびん》や建窯《けんよう》系天目《てんもく》茶碗、瀬戸葉茶壷《はちゃつぼ》、瓦質土器風炉《ふろ》・かわらけなどがあり、十四世紀後半から十五世紀前半の陶磁器が被熱していることから、この時期に火災に遭い、城が大改修された可能性がある。茶道具や威信財と思しき陶磁器や手づくねかわらけも出土し、相馬氏の本拠に相応しく、十四世紀〜十六世紀まで機能したことがわかる。

室町時代の城館

居館型山城の成立

陸奥南部の居館型山城

陸奥南部の十四世紀後半〜十五世紀の山城にはいくつかの共通点が指摘できる。切岸《きりぎし》と堀切を主たる防衛線とし、切土は沢部に排出する。切岸直下に帯状の平場が作られる。土塁《どるい》はほとんど利用しない。平場の機能分担が認められる。比較的低い丘陵に立地し、天険の要害とは言えない。軍事的側面ばかりでなく、生活感や政治的な側面の比重が高い。城としての存続期間が短いものが多い。以上が室町前期の山城の要件と考えることができる。

切岸を主として築かれた山城は、樹木の中に切岸で切られた山肌を露に、一段と際立ってその偉容を誇示したであろう。当時の在地支配や民衆の動員のために不可欠な要素となりつつあった。南北朝期や室町時代前期の小山の乱などの動乱を背景として、こうした山城が形成された。そして、少なくとも福島県田村地方などでは戦国時代までの在地領主の山城の形態をも規定している。

発掘された居館型山城

猪久保《しくぼ》城は福島県田村郡小野町に所在し、高速道路建設のために記録保存の調査を行った。調査は1号堀東側の約二五〇〇〇平方《メートル》の城域の約三分の二を行い、ほぼ全容が明らかにされている。検出された遺構は平場、掘立柱建物、柵、門、土橋、掘り残し土塁、焼土遺構、製鉄炉、道、土坑、溝、ピット群である。

柵跡には倉庫などの掘立柱建物を構成するものもあり、焼土遺構は「囲炉裏《いろり》」や「鍛冶炉」であり、製鉄炉は「精練鍛冶炉（製錬された鉄塊から地金を精製する炉）」である。土坑には「半地下式倉庫」や「据え（曲物）桶」、「床下収納庫」、「火事場整理の廃棄土坑」などが含まれる。溝跡は「通路」が大半である。建物を構成しないピットは少なく、建て替えの少なさ、存続期間の短さが窺える。

出土遺物は瀬戸灰釉平碗《せとかいゆうひらわん》・卸目付大皿《おろしめ》、在地産瓷器系《しきけい》陶器壺・鉢、かわらけ、鉄鍋などである。その年代観から猪久保城跡の存続年代は、十四世紀後葉から十五世紀前半と推定されている。ほかに多数の炭化材や焼けた壁材が出土していることから、土壁の建物の存在と火災に遭ったことも考えられる。さらに遺構の重複関係から、Ⅱ時期の変遷が推定され、歴史的背景を踏まえて、Ⅰ期は一三九〇年代、Ⅱ期は一四〇〇〜一四三〇年代とされ、存続期間は約五〇年間となる。

空間構成と機能分担

本城は平場の機能分担が明確で、1・2号平場が「詰めの平場」、3号平場が「収納の平場」、5号平場が「主殿の平場」、4・6号平場が「通路（広場）の平場」、11・12・14B号平場が「物見の平場」となる。ほかの平場・堀跡は「通路」としての機能が大きい。こうした機能はⅠ・Ⅱ期を通じて基本的に変化がなく、建て替えや改修の結果、Ⅱ期のほうが軍事的・政治的機能が高められ、より「権威を誇示」する構造になっている（図20－1）。

調査成果から城跡として構造面の特質を挙げると、高く急峻な切岸で主たる防衛線を構成し、切岸を造成した排土で沢部を埋めて切岸を作り出すが、平場を作る意識はない。土塁は基本的に作られず、低い「掘り残し土塁」がわずかにあるのみで、軍事性に乏しい。平場の機能分担が明確で、軍事的な機能のみならず、政治的な機能も高く、権威的である。立地している丘陵の比高差が三〇〜五〇メートルと決して高くない、存続期間が長くない、など

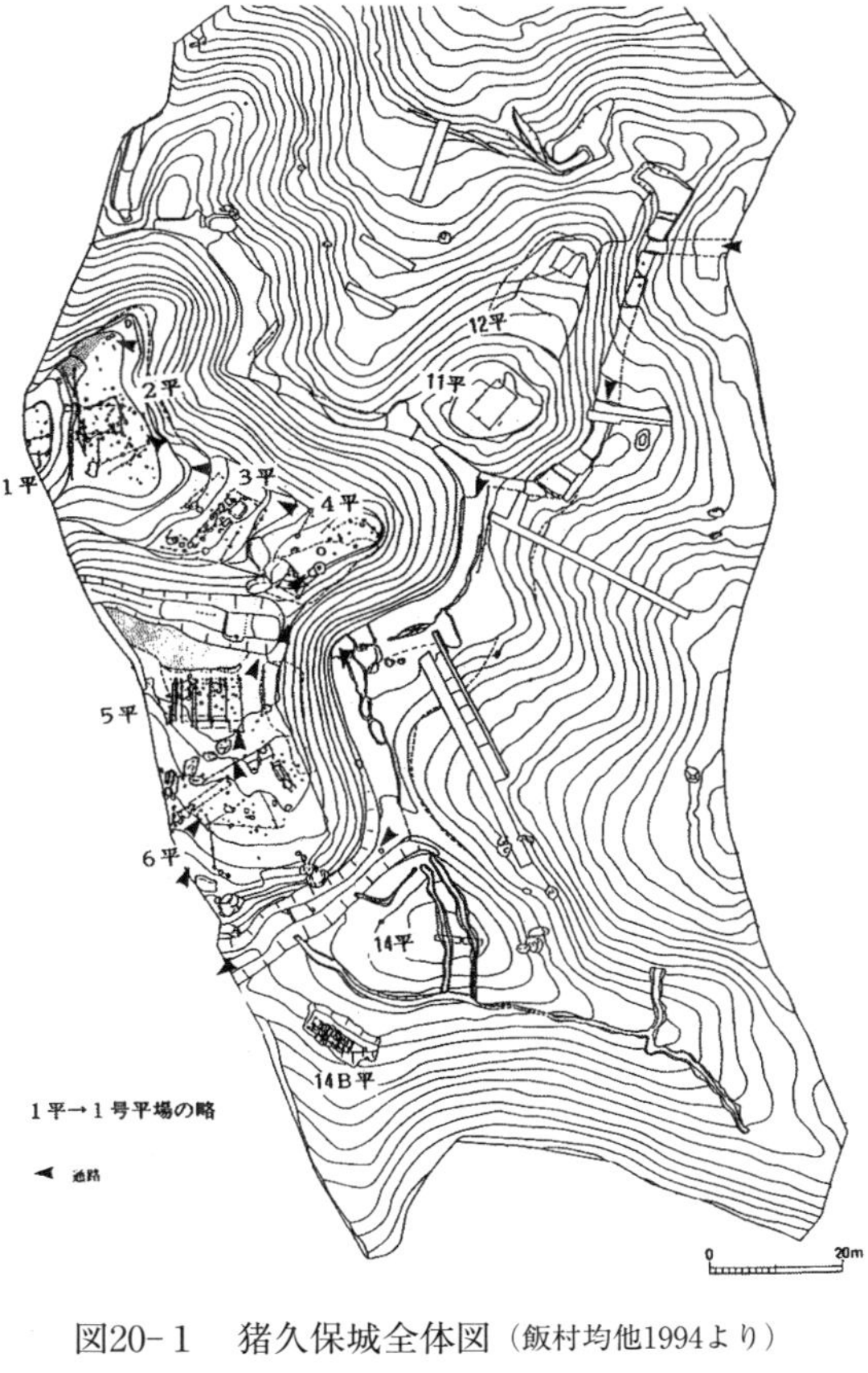

図20-1　猪久保城全体図（飯村均他1994より）

となる。

破却された主殿

この城で中心となる大きな建物は、5号平場にある。これは城主の住んでいた御殿——主殿——と考えている。その主殿の構造は、「九《ここの》

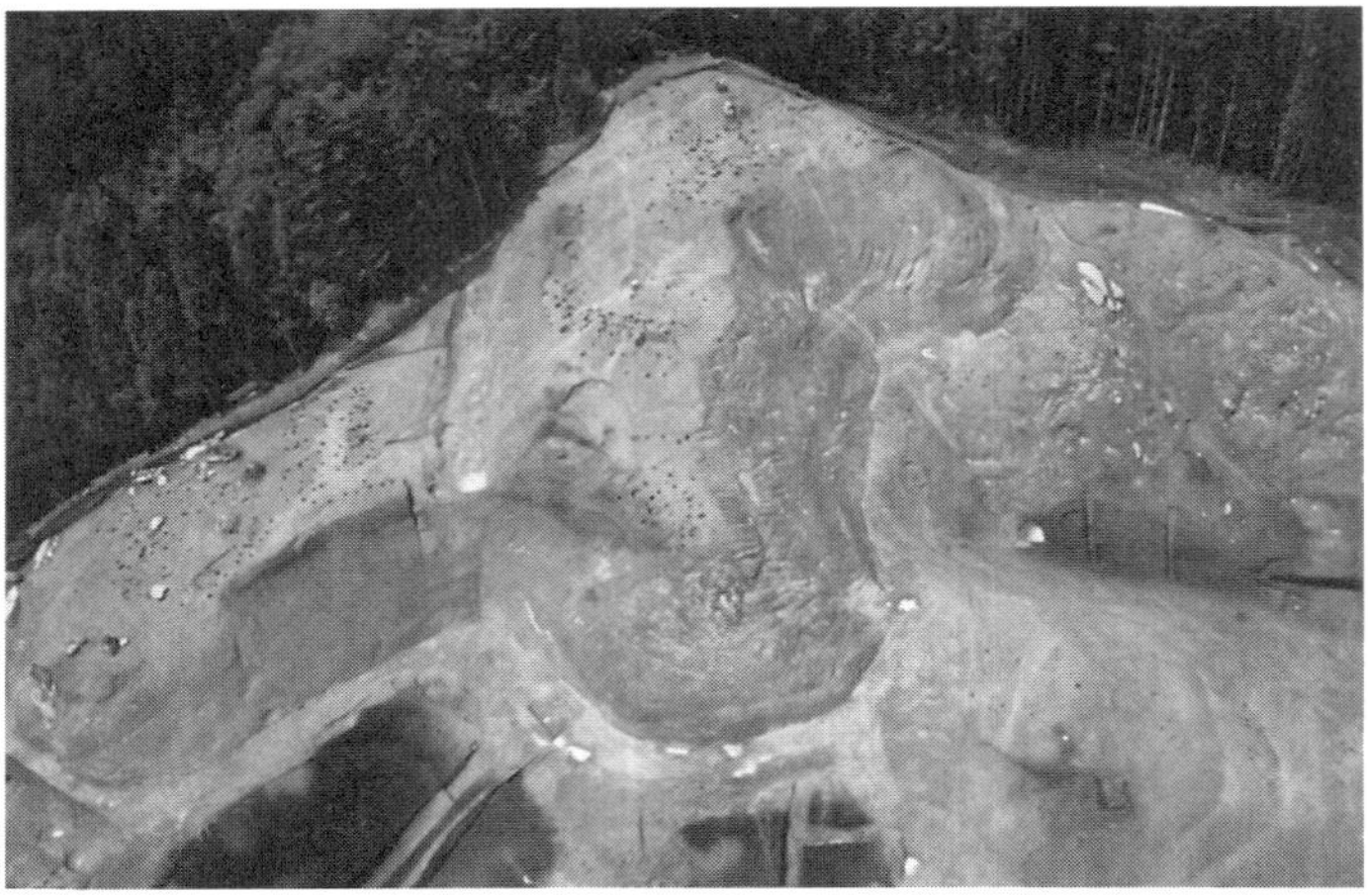

図20-2　猪久保城全景（飯村均他1994より）

間《ま》」「控え間」「濡縁《ぬれえん》」を持つ「主殿造《しゅでんづくり》」と呼ばれる武家建築様式である。武家儀礼を行うのに十分な構造を備えた、格式の高い主殿といえよう。この城跡は一四四〇年代には焼き払われて、火事場整理をされ、主殿跡のある平場全体が土塁を削った土で丁寧に埋められている。土層断面を見ると、その様子がわかる（図20－3）。

出土した陶磁器や金属製品などが少ないことから、家財道具や建具を持ち出して、火をかけたものと考えている。炭や焼けた土が散乱していた、1～6・14・B号平場までの城跡の中心部のみが、焼き払われたと考えられる。7号堀跡や6号平場のSK01～03には、炭や焼け土が埋めてあるの

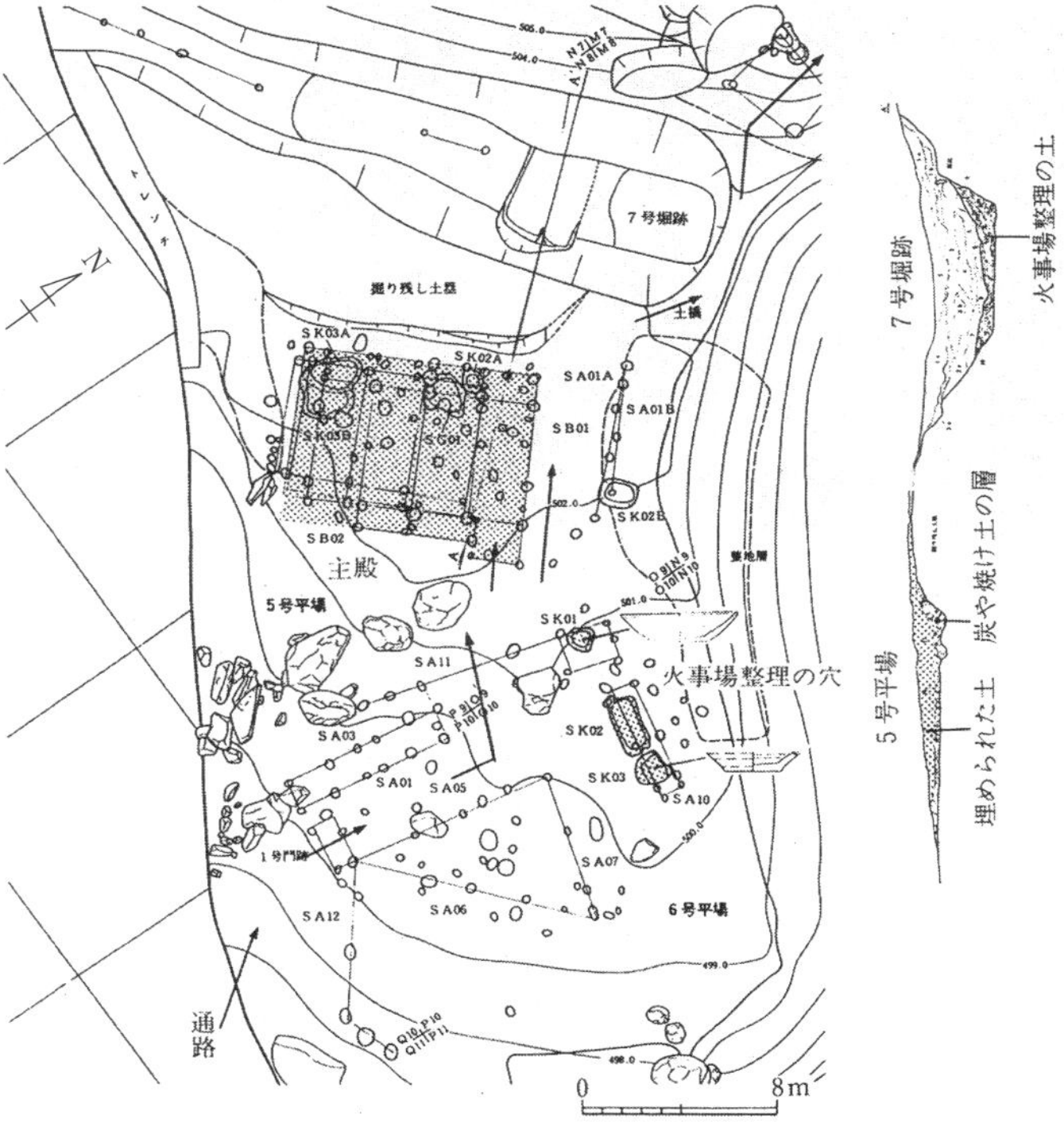

図20-3　猪久保城主殿（飯村均2015より）

図20-4　猪久保城5号平場主殿（飯村均他1994より）

で、焼け残りを片付ける火事場整理をしていることがわかる。その火事場整理をして捨てた穴の上からは、完全な形のかわらけが出土し、火事場整理をした後にかわらけを使った儀礼行為が行われたことが想像できる。

さらにその後に、主殿を中心とした5号平場を埋めていることがわかるが、図20－3に図示したように主殿北西側にある「掘り残し土塁」を削った土を利用している。「焼払」されていたのは1～6・14B号平場だが、埋められていたのは5号平場のみであった。主殿のある5号平場を特に丁寧に「破却《はきやく》」していることが窺える。

以上のような丁寧な城の破却行為は、小野保《おののほ》の平和裡の政権交代によって行われた。したがって、「焼払」行為は城の破却と政権交代を、領域・領民に視覚的に知らせる効果もあったものと考えている。

勝俣鎮夫は中世において「屋焼《ややき》」は重罪であり、武将や大名にも自分の屋形に火をかける「自焼没落」という形態が一般的とし、荘園領主が領民に課す刑罰として、「住宅の検《けん》封《ぷう》・破却・焼却《しょうきゃく》とを組み合わせたもの」と指摘している。この中世前期における「検封・破却・焼却」といった刑罰の系譜を引く行為が、室町時代前期の陸奥南部の地域で、政権交代での城の破却行為として行われていることがわかる。これは、中世前期の城の

「破却」行為を知る手がかりとなり、「破却」自身に込められた中世人の意識を象徴している。その後、再利用されなかったことは、「聖地性」や「不入《ふにゅう》」という「規範」が働いたとされている。

築城主体

築城主体は、鎌倉府方として活躍し、小野保を支配した石川氏の惣領に近い人物とされ、Ⅰ期からⅡ期への移行は、篠川《ささがわ》・稲村公方《いなむらくぼう》の下向の時期とされている。廃絶時期は篠川・稲村公方の滅亡以降と考えた。

小林清治によると、小野保（現・福島県小野町）は石川氏の本領でありながら、「鎌倉府＋篠川御所＋石川氏」と「幕府＋稲村御所＋白川氏」の競合の対象となる。文安年間とされる文書に、「中務少輔家持」から「白川殿」宛の文書に、「二本松畠山殿や近所の国人たちが、もし侵害する場合には、あなたに迷惑をかけるであろうから、田原屋は貴方に差し上げたい。羽出庭は貴方との好友のもとに末代まで私が知行することにしたい。」とある。

中務少輔は石川氏惣領《そうりょう》で、白川氏との友好関係に入り、小野保田原屋郷《たわらやごう》を譲進している。田原屋郷および羽出庭郷《はでにわごう》とも本城の周辺であり、本城は田原屋郷に属していた可能性がある。既述の主殿の丁寧な破却を考慮すると、小野保における石川氏から白川氏への平

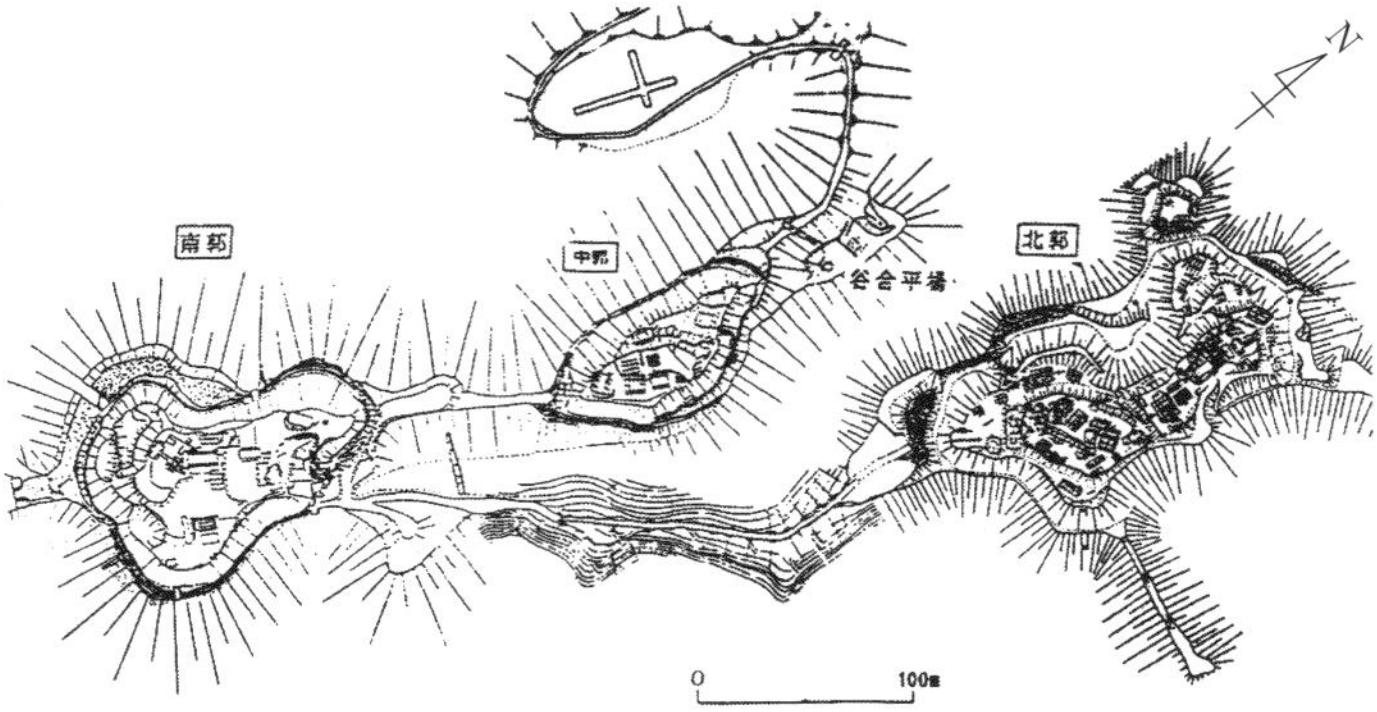

図21-1　熊野堂大館全体図（飯村均2009より）

和裏の領主の交代に伴う破却と考え、南奥における鎌倉府体制の崩壊をも象徴している。

名取熊野三山の山城

熊野堂大館《くまのどうおおだて》は宮城県名取市高館熊野堂に所在し、標高約二〇〇メートルの丘陵上に立地する。北側を名取川が流れ、周囲には名取熊野三社、大門山板碑《だいもんやまいたび》群や那智山《なちさん》経塚などがある。尾根上を中心に南北に長く、東西一五〇メートル、南北六〇〇メートルの規模で、南郭・北郭・中郭の三郭からなり、全面発掘調査されている（図21-1）。

南郭は本館跡の主郭で、西側は堀と土塁で画され、北東側の土橋《どばし》が唯一の出入り口である。平場は不整形で、南から北へ四段で構成され、二段目に二×五間で四面庇の南北棟の中心建物がある。掘立柱建物は一六棟検出され、いずれも一時期で、整然としている。中郭は館跡西側からの通路に連なり、不定形な五段の平場に一六棟の掘立柱建物跡が検出されている。また北側の谷合平場では水溜めや湧水施設が発見されている。

北郭は三つの平場と堀切・土塁などからなる。第1平場は総柱《そうばしら》の大規模な掘立柱建物跡を中心に、長屋風建物や櫓《やぐら》風建物、櫓門《やぐらもん》風建物などが取り巻いて、二四棟の掘立柱建物が検出されている。第2平場は第1平場と堀切で区画され、橋が架かる。中心二×五間で南北に庇の付く東西棟の掘立柱建物跡があり、二回建て替えられている。櫓風建物など一〇棟が検出されている。第3平場は北郭の北端で、コの字形に削平されて作り出されている。東西約二〇㍍×南北約七㍍の総柱の掘立柱建物の南に、東西約四㍍×南北六㍍の掘立柱建物が取り付く、特異な構造の建物もある。九棟の掘立柱建物跡が検出されている。この第1～3号平場の周囲には小規模な平場があり、掘立柱建物や柵が配されている。ほかに水溜めや礫群、焼土なども検出され、飛礫《つぶて》石の集積も確認された（図21－2）。

出土遺物は中郭頂部の平場に集中し、古瀬戸《こせと》・在地産瓷器《しき》系陶器・かわらけ・硯・鉄《てっ》斧《ぷ》・手斧《ちょうな》・漆器などであり、南郭ではかわらけが主である。北郭では整地層や崩壊土、礫《れき》群の中から、中国産の磁器・古瀬戸・在地産瓷器系陶器・かわらけ・瓦質土器・石製品・鉄製品・銭貨《せんか》などが出土し、朝鮮半島の高麗《こうらい》青磁の陶枕《とうちん》（焼き物のまくら）片も含ま

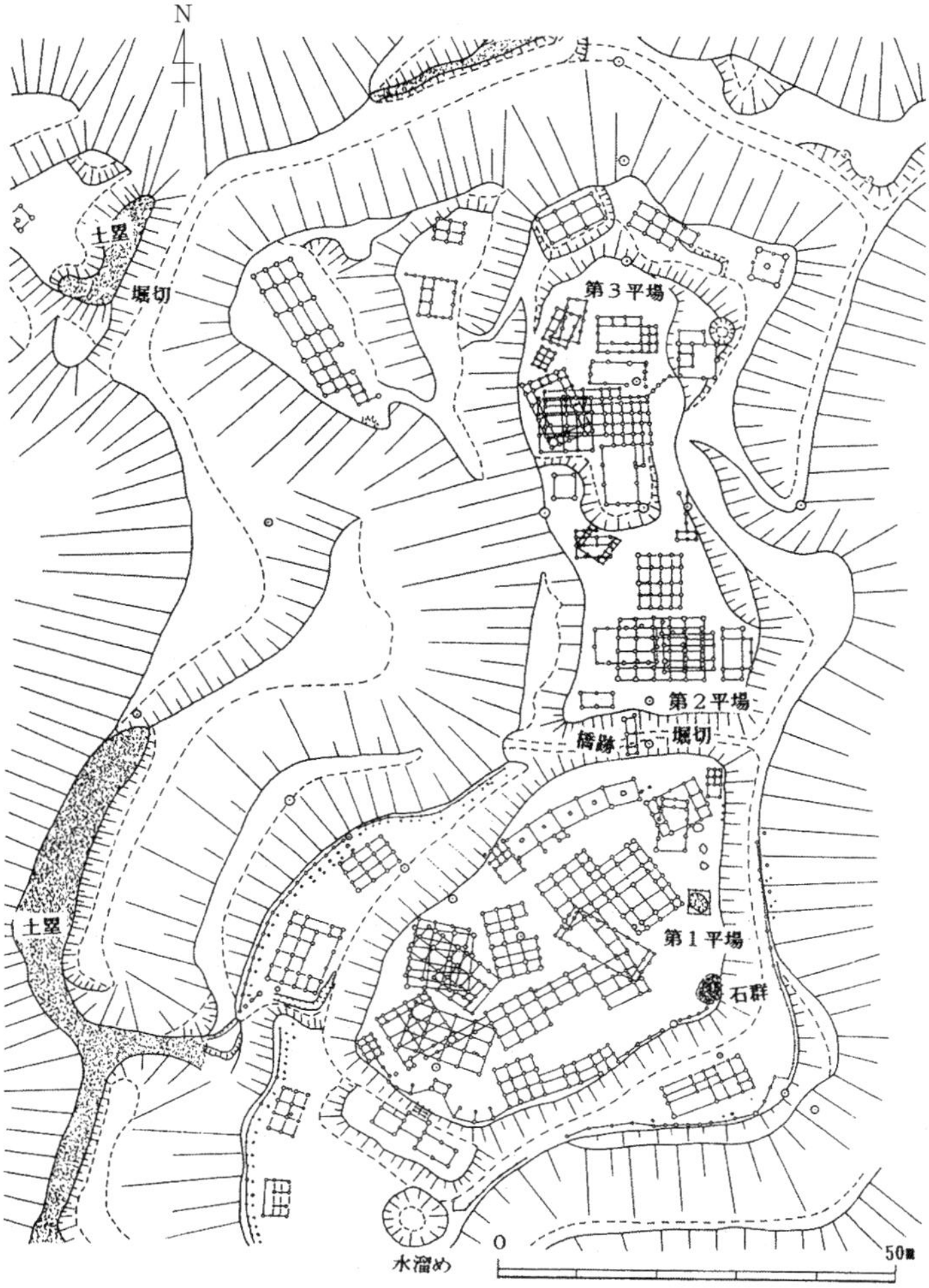

図21－2　熊野堂大館北郭（飯村均2009より）

れている。出土遺物の偏在性は、郭や平場の機能分担を表現している。

出土遺物の年代は十四～十五世紀とされ、十五世紀後半までは下らない可能性が高い。したがって、鎌倉時代末期から南北朝・室町時代前期の山城である。名取熊野三社（本宮・新宮・那智）に囲まれた位置にあり、かつ熊野信仰の対象として仰ぎ見られた名取熊野三山（高館山・大門山・五反田山）にも取り囲まれている。こうしたことから調査者は、熊野堂大館は熊野布教にかかわった修験集団の政治・軍事・宗教面での根拠地であったと評価している。

図21－3　熊野堂大館北郭第１平場飛礫（飯村均撮影より）

全面発掘された居館型山城

砂屋戸《さやど》荒川館は、福島県浜通り南部、福島県いわき市平上荒川に所在し、滑津川で開析された、南に張り出す丘陵の先端に立地している（図22－1）。東西二〇〇メートル、南北一八〇メートルで、最頂部で標高約七三メートルとなり、約三〇〇〇平方メートルが調査された。調査では平場（曲輪）が十五ケ

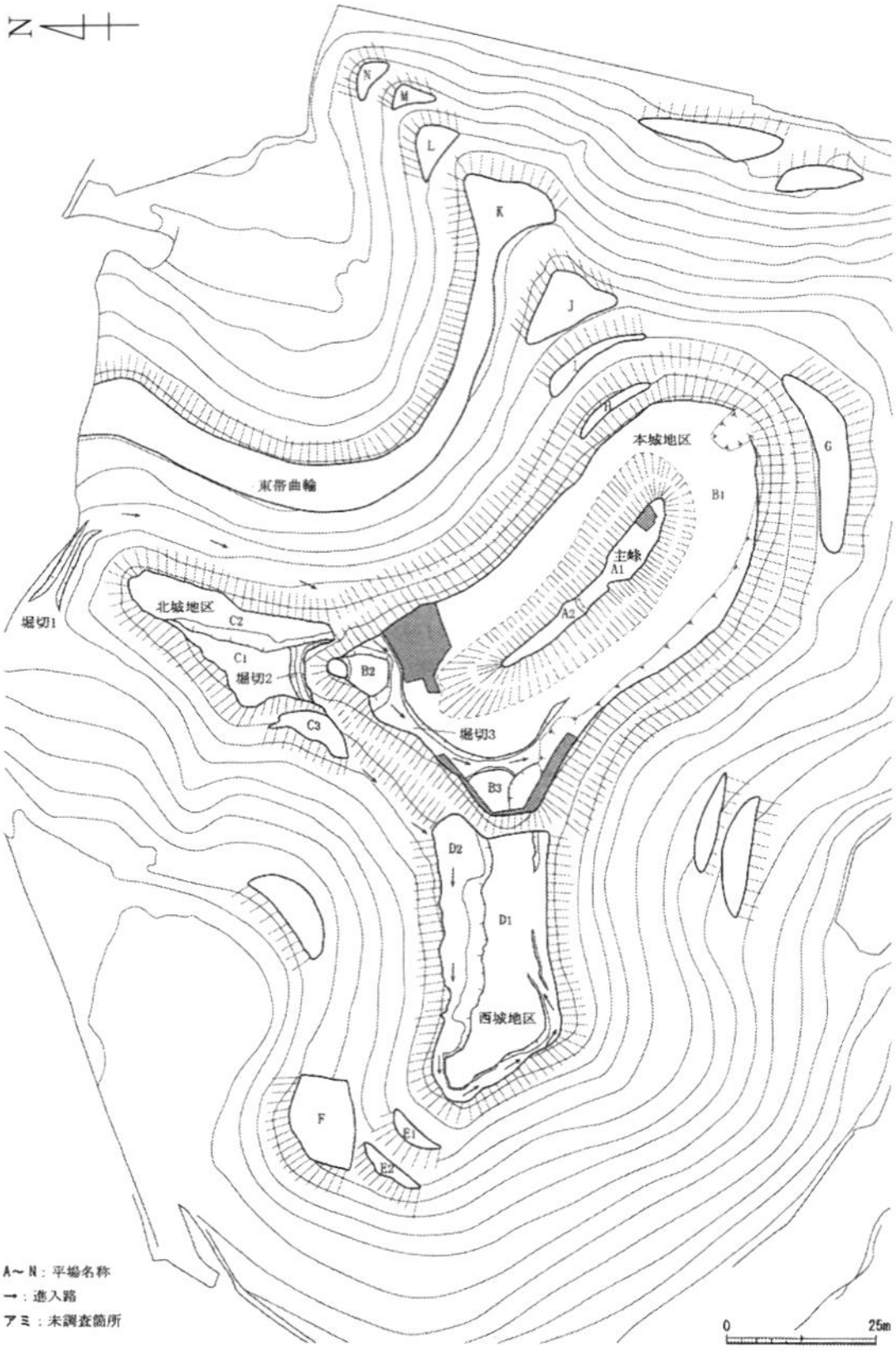

図22－1　砂屋戸荒川館縄張図（中山雅弘2024より）

所以上確認され、掘立柱建物二〇棟、堀切（堀底道）三条、竪穴遺構二基、土坑五基、柵跡一列、柱穴一四七五基のほか、飛礫の集積なども検出された（図22－3）。

出土遺物は輸入陶磁器一四六点、国産陶器六一八点、かわらけなど三六九点、石製品六七点、金属製品一七〇点などで、総数一四二九点を数える。十三世紀に遡る陶磁器もあるが、青磁碗・盤、白磁皿、古瀬戸平碗・折縁深皿・卸目付大皿、瓶子・香炉・四耳壺、常滑甕・壺、ロクロ整形かわらけなどがあり、十四～十五世紀の年代が推定され、十四世紀

図22-２　砂屋戸荒川館（中山雅弘2024より）

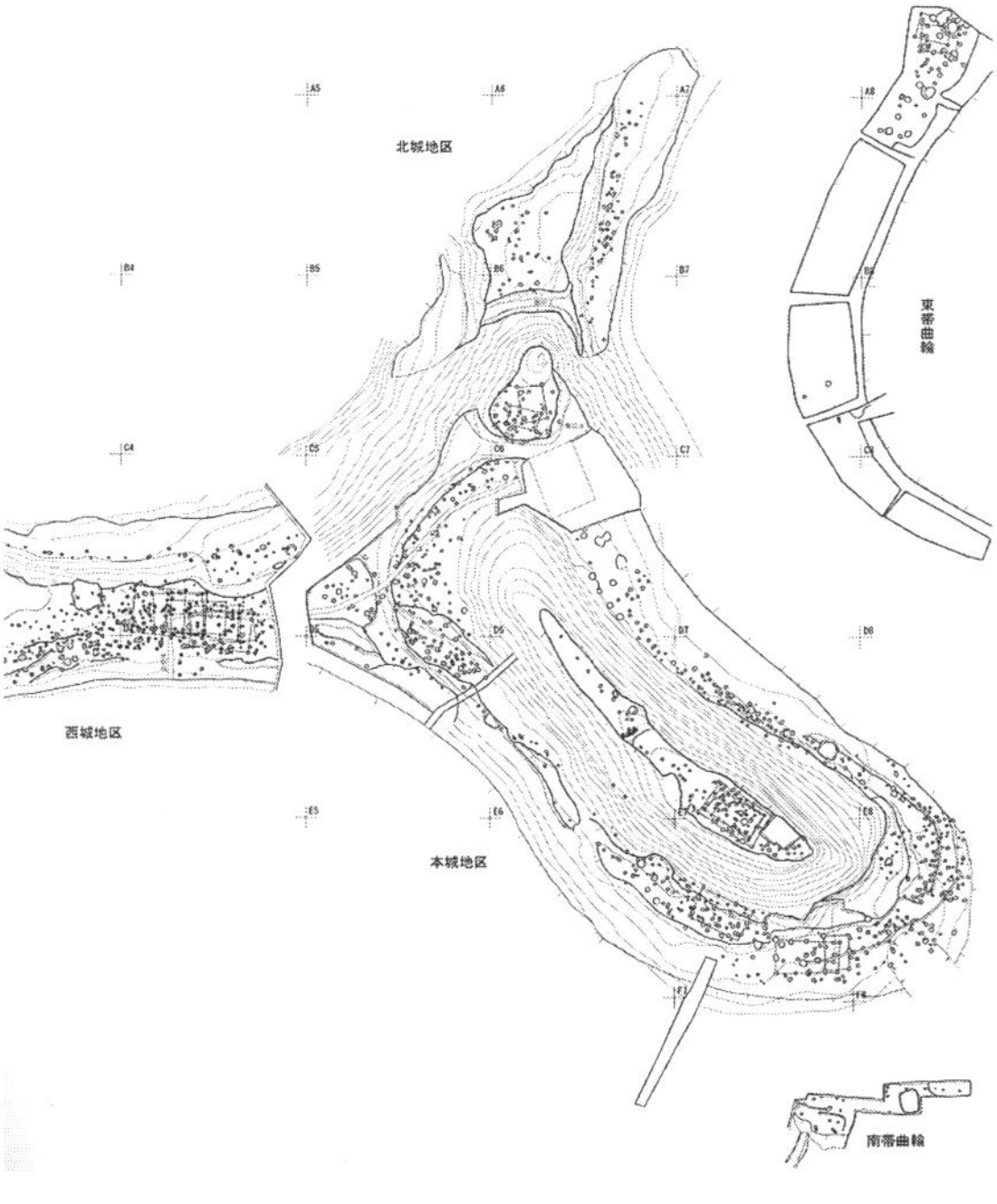

図22-３　砂屋戸荒川館全体図（中山雅弘2024より）

前・中葉と十四世紀後葉〜十五世紀の二時期の変遷が推定されている。遺物の組成や出土量を見ると、いわゆる威信財とされるような優品はないが、食膳具、調理具、貯蔵具や喫茶具などが見られ、生活感が高い。

荒川館は南に張り出す丘陵の尾根を堀切で切断し、その南に平場が全山に展開し、丘陵先端は三又に分かれ本城・北城・西城地区と称された。東・南斜面に帯曲輪があり、東西の尾根先端にも平場が連続する。防御施設は切岸と堀切のみである。出土遺物の約七割が本城地区から出土し、主峰が詰城的な空間、本城地区西側が主殿の空間、西城地区は蔵などの収納の空間、北城地区を防御的な空間として推定され、居館型山城と評価されている。岩崎氏一族が荒川の地に土着して、荒川氏を名乗り、十四世紀前葉〜中葉頃に築城したとされている。岩城氏の寛正〜文明期（一四六〇〜八七）の抗争の中で、いわき市白土《しらど》から興った庶流である岩城氏が勝利するが、この間に荒川館が廃城となったとされている。

室町前期の山城の特徴

以上概観してきたが、確認できる範囲で特色を列挙してみたい。

（一）　切岸と堀切を主たる防衛線としている。

（二）　削平を主として平場を造成している。

（三）　平場ごとの機能分担が認められ、山上でも居住性が高い。

（四）軍事的な側面ばかりでなく、政治的・宗教的な側面が強く感じられる。
（五）建て替えは最大でも三回程度で、長期間の存続は推定できない。
（六）比高差はあまりなく、天険の要害とまでは言えない。
（七）公権力ばかりでなく宗教勢力の築いた山城もある。

以上のような特徴を備えた山城を、居館型山城と考えている。

三陸・志津川湾を望む山城

新井田館《にいだ》は宮城県南三陸町志津川に位置し、新井田川と八幡川に挟まれ、北上山地から志津川湾《しづがわ》に向かって伸びる丘陵上に立地する。館がある丘陵は、標高約六七メートル《メートル》のY字形の尾根とその間の急峻な沢と谷で構成され、その規模は南北三七五メートル《メートル》、東西四一〇メートル《メートル》となる。現況では、平場・土塁・堀が多数確認されている。東日本大震災の津波復興拠点事業に伴い全面発掘調査された。

全面調査された十五世紀の山城

遺構は平場七ケ所、堀八条、土塁一一条、出入口七ケ所、通路三ケ所、掘立柱建物二九棟、門跡一七棟、柱列三一条などで、その時期は十五～十六世紀でⅢ期の変遷が推定され、Ⅰ期は十五世紀前半、Ⅱ期は十五世紀後半とされている。Ⅰ期の遺構は平場1～7、堀1～8、土塁1～9で構成され、堀1～4により、平場1・3・4・5と平場2・7と平場6に区画され、独立した平場群とな

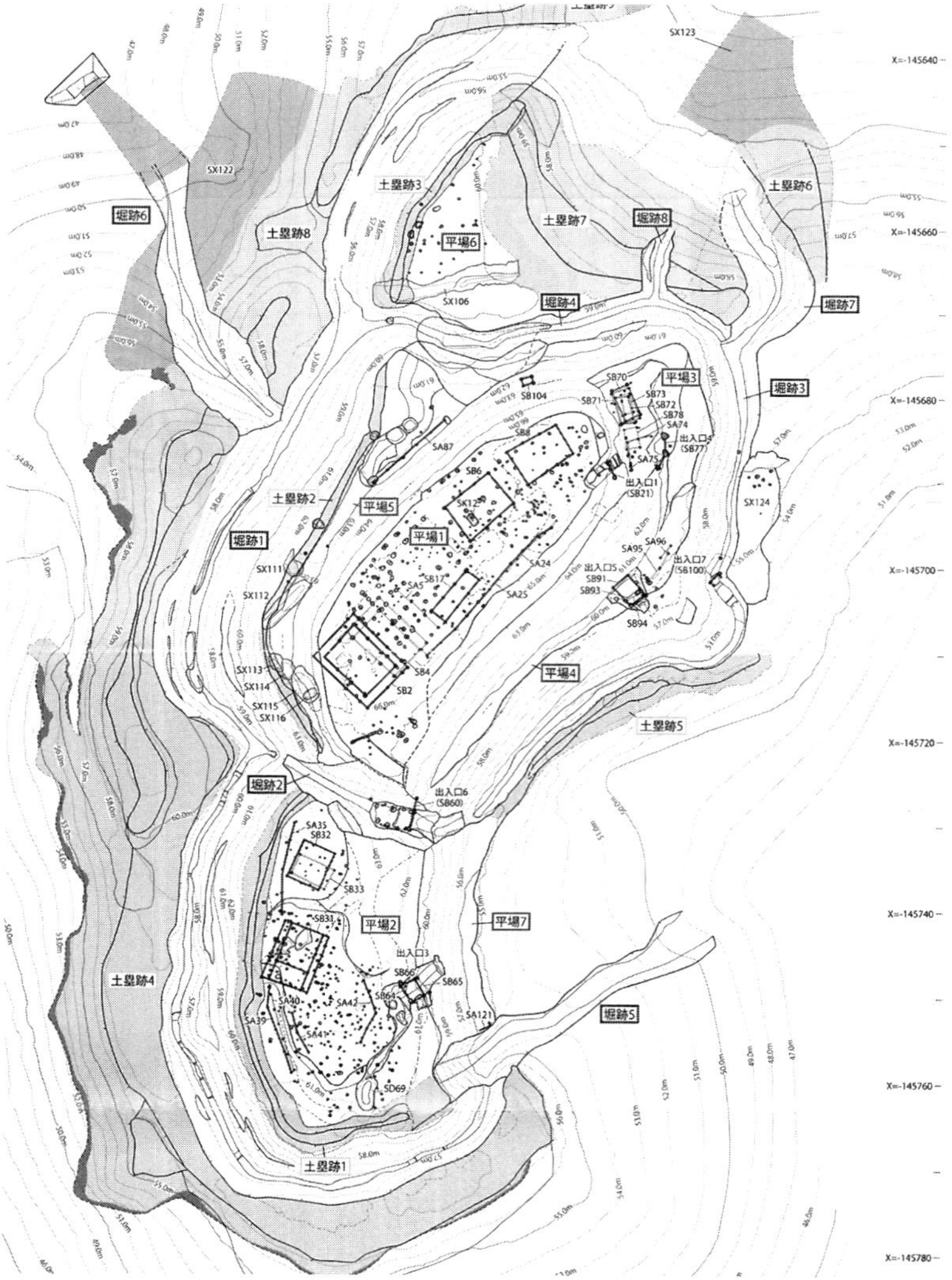

図23-1　15世紀前半の新井田館（村上祐次他2016より）

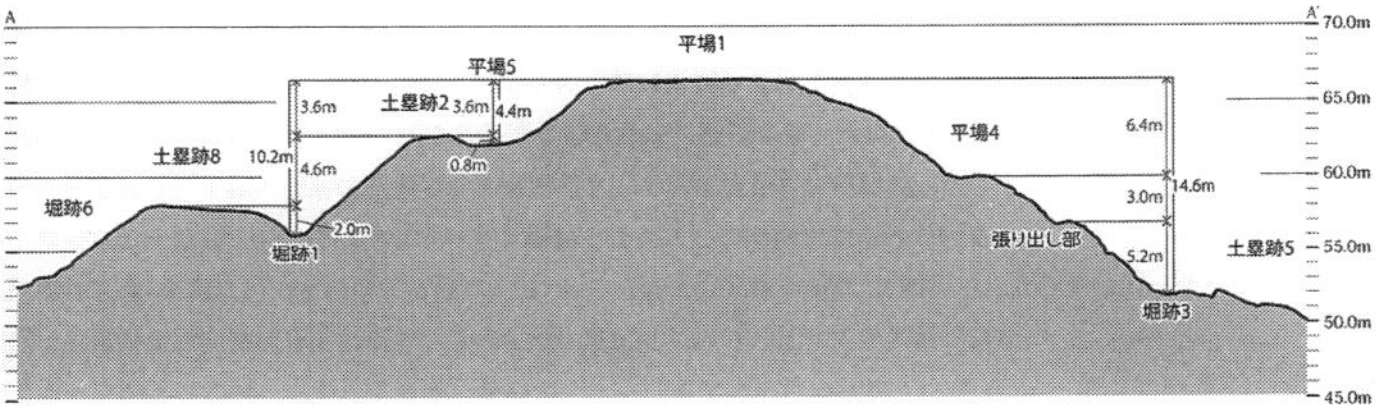

図23－2　新井田館断面図（村上祐次他2016より）

っている（図23－1）。

最大の平場である平場1には、大型建物と広場があり、台所・倉・門も推定され、館主の居館と考えられている。二番目に大きい平場2は、大型の建物とその前面に広場があり、門などが伴い、内容的にも平場1に類似するが、準ずる平場である。堀・土塁は、横堀と外土塁のセットで、平場群を囲むように館をほぼ全周するが、西側は比較的急峻でない地形のため、大型の堀と土塁を構築し、比較的急峻な東側では切岸を主体に防御性を高めている。堀は基本的には堀底道として利用し、堀と土塁は同時に構築されている。防御性の高い設計で、堀底道から平場に容易に進入できない構造で、日常性というよりは防御性に重点を置いたと評価でき、周辺地域との緊張関係の中で成立した山城としている（図23－2）。

そして階層性が不明瞭な並立型の平場構成から、平場1と平場2は二つの勢力によると考えられ、平場1は館主、平場2はその親族あるいは有力家臣と推定し、Ⅰ期からⅡ期への改修で、平場1の優位性が高くなっていることも指摘している。そして、築城主体は、その規模・構造や出土遺物から、国人領主以下の領主で、複数の村落領主級が推定されている。もちろん、志津川湾を望む、流通・交通の要衝に位置することも重要である。

並立型の平場構成の群郭式の山城ではあるが、居館を山上に構築した構造であり、堀や土塁、切岸で防御性を高めている。これもまた、居館型山城と評価できる。

室町時代の平地居館

新宮氏の居館

福島県喜多方市会津新宮城は会津盆地の北西縁の河岸段丘上に立地し、その主郭に立つと、東側正面に新宮荘の荘域であったと考えられる沖積地が一望でき、その奥に磐梯山の山並みが遠望できる。北には東北地方最古の経塚である「松野千光寺《まつのせんこうじ》経塚」の丘陵を望み、その奥には新潟・山形県境の飯豊《いいで》連峰の山並みが聳《そび》えている。南には外堀である谷を隔てて、国指定重要文化財「長床《ながとこ》」のある新宮熊野神社と、中世以来の「新宮」の門前集落が展開している。西一キロの丘陵上には、新宮氏が籠城したとされる高館山《たかだてやま》城がある。

史料に残る会津新宮城

新宮荘は、応徳二年（一〇八五）に現在地に遷宮されたと伝えられる新宮熊野神社を中心とした荘園とされ、地頭職が新宮氏であったとされている。新宮氏は相模三浦氏の一族である佐原《さはら》氏を祖とする一族で、蘆名《あしな》氏と同族とされ、建暦二年（一二一二）に新宮城を築いたと伝えられている。『会津旧事雑考《あいづきゆうじざつこう》』や『新編会津風土記《しんぺんあいづふどき》』、『新宮雑葉記《しんぐうぞうようき》』などによると、新宮熊野神社に奉納されていた「御正体《みしようたい》」に「(元亨)四年（一三二四）」と「大檀那　右衛門尉平時明」銘、「正中二年（一三二五）」と「為当荘惣地頭平時明并一族等」銘があったとされ、「平時明」が新宮氏と推定されている。

新宮熊野神社蔵の銅鐘銘には「貞和五年（一三四九）」「(大檀那)同地頭平朝臣明継」があり、鰐口《わにぐち》銘には「康應二年（一三九〇）」「大檀那沙弥正宗」があり、いずれも新宮氏と推定されている。以上の史料から、新宮氏は少なくとも十四世紀前半には新宮荘の荘地頭として、新宮熊野神社の「大檀那」であったことがわかる。

『塔寺八幡宮長帳裏書《とうでらはちまんぐうながちようううらがき》』には応永二十一年（一四一四）から永享五年（一四三三）にかけて、新宮氏と蘆名氏の抗争および越後国小河《おがわ》荘との関連を示す記事がある。そして、応永二十二年に「新宮城押寄取巻」、応永二十七年に「新宮城没落」の具体的な記事があり、永享五年には越後小河荘で新宮氏が滅亡した記事がある。

また、『会津旧事雑考』や『異本塔寺長帳』には応永九年（一四〇二）に新宮盛俊が謀叛し、蘆名氏攻めを窺ったとされる。また応永十年には新宮時広・入道正宗が謀叛し、蘆名盛政に攻められ新宮城が落城し、時広が越後に逃げたとされている。十五世紀初めから新宮氏と蘆名氏が攻防を繰り返し、新宮城が争奪された傍証となる。

新宮城の構造

新宮城の現況は基本的に、水田・畑の農地が主である。新宮城は内堀・土塁で区画される台形の主郭と、外堀で区画された外郭で構成される二重の構造である。南側外堀は天然の谷を整形したと推定される形で現存し、北側・東側外堀は昭和四十七年（一九七二）の圃場《ほじょう》整備まで遺存していたので、現況では水田となっているが、電気地下探査により堀跡の遺存を確認している。西側外堀は発掘調査で確認され、現況地形で推定されているが、門跡や道跡も調査で確認されている。

外郭は東西約四〇〇メートル、南北約三五〇〜四〇〇メートルで、北側外堀は幅三〇〜四〇メートルと推定され、自然の谷を利用したと考えられ、南側外堀も自然の谷を整形して利用し、幅三〇〜五〇メートル、深さ七〜九メートルとなる。東側外堀は幅約一五〜二〇メートルと推定され、西側外堀は幅三・四メートル、深さ約一・二メートルで、いずれも人工的に構築された堀である。外堀に土塁の存在は確認できていない。

主郭は東西約一一〇〜一三〇メートル、南北約一四〇メートルの不整台形を呈し、内堀幅は約一五〜二〇メートルで、内堀内側で東西約一二〇〜一〇〇メートル、南北約一二〇〜一三〇メートルとなる。内堀内側には土塁がほぼ全周し、西側で遺存状態が良く基底幅七〜八メートルであり、北西部の最高所で主郭内部との比高差約二・五メートルとなる。

土塁は、土塁基底部下層に十四世紀前半を下限とする遺構面があり、南東部での土塁で一回以上改修が確認できた。土塁は当初から存在したものではなく、十四世紀以降に段階的に整備されたものと考えられ、前述の文献史料や金石文、後述の出土遺物を考慮すると、現況の新宮城は十五世紀前葉の状況を示している可能性が高い。主郭虎口《こぐち》は未確認であるが、現況観察では東辺中央付近と推定される。

宗教的な遺構

発掘調査で発見された遺構は、礎石建物・溝・土坑・木組遺構・ピットなどである。礎石建物跡は主郭北西隅で、LⅢ整地層上面で検出され、向拝《こうはい》が付く三間堂ないしは二間二間に三面に庇《ひさし》が付く建物と推定され、持仏堂ないしは社殿など宗教的な建物と考えられる。出土遺物はかわらけ・高麗青磁・瓦質土器などで、十四世紀末から十五世紀前葉とされている。

木組遺構は主郭南東部で発見され、主軸方向は主郭にほぼ一致する。一辺二・七メートルの隅柱横桟縦板組の構造で、横桟は六段あり、中央付近に梁に相当する中桟が横桟に架けられている。堆積土は最上層が人為堆積で、その下層は自然堆積であり、裏込めはほとんどない。出土遺物はかわらけのほか、裏込めから中国産の青磁連弁文碗が出土した。このほかに、木組遺構近くのLⅣから象を模った中国産の青白磁が出土し、十四世紀と推定されている。現在湧水はないが大型の井戸の可能性があり、寝殿造《しんでんづくり》の泉水に関わる建物である「泉殿《いずみどの》」のような儀礼的な空間の遺構の可能性が指摘されている。

外郭西側を区する堀跡を検出し、幅三・七メートル、深さ〇・九五メートルでほかに比して小規模である。主郭南辺の延長線上の西外郭堀と直交する部分で、両側側溝の道跡と門跡を検出した。この延長線上の外郭西側には、高舘城跡や新宮氏墓地あるいは新宮集落に向かう道も想定され、注目される（図24）。

宗教的な出土遺物

発掘調査で出土した陶磁器は三一三点で、中国産の青磁・白磁・青白磁、朝鮮半島の高麗《こうらい》青磁など貿易陶磁器が一〇〇点で、古瀬戸三四点、瓷器系陶器四五点、須恵器系陶器一一四点、瓦質土器一八点である。かわらけはロクロ整形が主体であり、主郭からの出土がほとんどで、主郭からの出土総量は一九・六九

図24　会津新宮城全体図（山中雄志他2008より）

三グラム以上で、推定個体数は約二六二個体を超える。主郭北西部の礎石建物跡の周辺で、多く出土する傾向がある。なお、昭和四十七年の調査では主郭東側トレンチで手づくねかわらけが出土している。ほかに土壁・鉄鏃・髪を結い、飾る用具である笄《こうがい》・日本刀の拵《こしらえ》の部品である刀装具《とうそうぐ》・石臼・銭貨《せんか》などが出土している。

陶磁器では内面に梅花文のある青磁碗や青磁器台《きだい》（茶釜の蓋置き）、托《たく》（茶碗を置く台）、筒形香炉、中国建窯《けんよう》系天目茶碗、茶釜をかける炉である瓦質風炉《がしつふろ》、越前茶壷、高麗象嵌《ぞうがん》青磁など茶器類の奢侈《しゃし》品が多い。特に象を模った青白磁は国内では類例にない逸品であり、「騎象普賢菩薩《きぞうふげんぼさつ》像」の六牙象《ろつきぞう》と推定され、十四世紀に比定されている。

出土遺物は十二～十五世紀前葉に比定できるが、出土量を見ると十四世紀～十五世紀前葉が最も豊富である。十三世紀前半の遺物が希薄であり、空白期とされる。したがって、新宮城が新宮氏とかかわって機能したのが十三世紀後半とされ、現在の大規模な土塁と堀が整備され城郭化されたのは、十四世紀から十五世紀前葉とされている。

一四二〇年を下限とする方形居館

新宮城は新宮荘の荘地頭であった新宮氏の居館であり、十三世紀後半には成立し、十四世紀から堀・土塁が徐々に大規模に整備され、十五世紀前葉に廃絶したと考えられる。既述の文献史料とも矛盾がなく、時期が限定できる国内でも希少な平地の方形居館である。新宮荘の中核である新宮熊野神社と並立して立地し、土塁と堀に区画された主郭と、堀で区画された外郭の二重の構造である。

主郭の内部構造は不明確であるが、宗教施設と考えられる礎石建物跡や大規模な井戸状の遺構である木組遺構はいずれも注目され、特異な構造である。青白磁「騎象普賢菩薩像」や青銅製仏像の出土もあり、宗教性の強い居館と言うことができる。

会津街道に面した居館

長沼南古館《ながぬまみなみふるだて》は福島県中通り地方、須賀川市の西部、長沼の中心部から西約一キロに位置し、江花《えばな》川で形成された標高約三三五メートルの河岸段丘面に立地している。館跡の北に、奥州仕置に際して豊臣秀吉が通ったとされる、勢《せい》至堂《しどう》峠を越える会津街道が東西に走る。元和三年（一六一七）に写された、石背《いわせ》国造《くにつこ》神社蔵「長沼城絵図」に南古館は描かれており、一七世紀初めに機能していたことが推定できる。

現況では、東西一〇〇メートル、南北一一五メートルで、北辺を底辺とする、台形を呈する単郭の方形居館で、北・西側には土塁と堀が、南側に堀が巡る。北側堀幅約一〇メートル、西側一五～一六メートル、東側で約一二メートルで、土塁は高さ約二メートルである。県営圃場整備事業に伴い、記録保存の発掘調査が行われたが、関係者の努力により館跡の保存が決定し、県史跡に指定された。

全容が明らかとなった遺構

調査はA～D地区で行われ、D地区が主郭となる。D地区では、掘立柱建物・橋・井戸・石積遺構・土坑・柵状ピット列などが発見された。D地区東側堀は基本的に箱堀で、部分的に障子《しょうじ》堀となっている。橋脚は東側堀の北東隅寄りで検出され、土橋状の高まりの上に木橋を構築している。

検出された掘立柱建物は六棟で、土塁に沿って南北に主軸を合わせて並び、庇が付く間取りであることから、中心的な建物と考えられる。柵状ピット列北側は館の中心的な主殿空間と推定され、橋が伴う虎口が大手と考えられる。虎口を入ると広場空間があると推定される。柵状ピット列南側は遺構が希薄であり、土塁が明確に伴わず、館内でも機能が異なる空間と推定される。

館北側に位置するA地区では遺構は検出されず、館跡北東部に位置する、B地区の平場の北側と東側に外堀の痕跡があり、平場は溝で三つの空間に区画され、内部からピット群は検出されているが、建物跡は確認されていない。館東側のC地区は平場が溝により二つの空間に区分され、多数のピットが検出され、建物の存在が推定される（図25）。

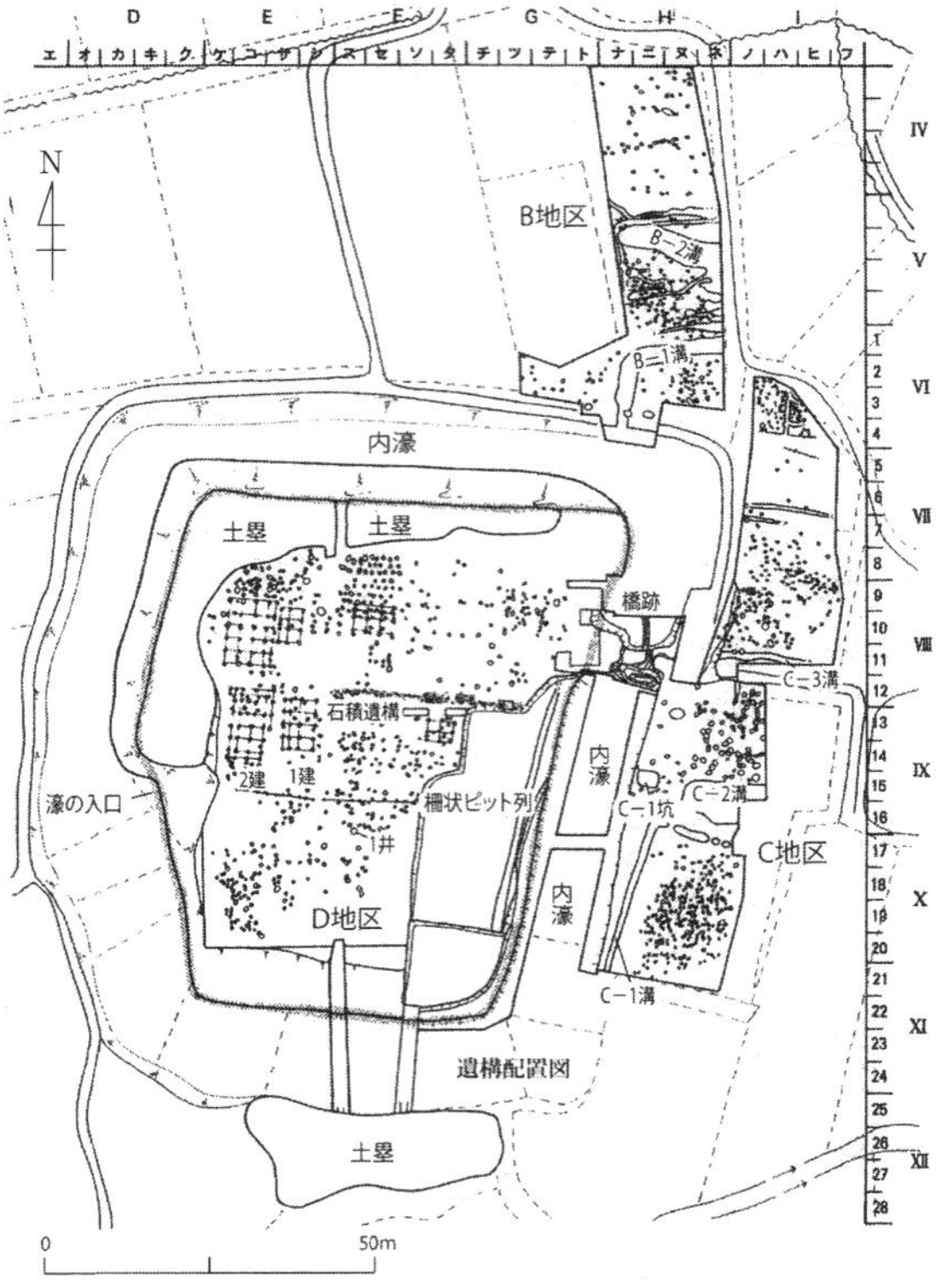

図25　長沼南古舘全体図（長沼町史編纂委員会1996より）

十五世紀前半の出土かわらけ・陶磁器

遺物は九割以上が主郭（D地区）および内堀から出土している。遺物には、かわらけ・国産陶器・中国陶磁器・瓦質土器、石鉢・砥石などの石製品、銭貨、呪符《じゅふ》、漆器椀、修羅《しゅら》などの木製品がある。

土器・陶磁器の総個体数が二〇二点で、かわらけが一〇八点で、五割以上を占める。中国陶磁器は青磁碗・花瓶《けびょう》・大盤《おおばん》・水注《すいちゅう》・稜花皿《りょうかざら》、白磁皿、褐釉陶器壺、天目茶碗である。国産陶器は、古瀬戸が天目茶碗・平碗・縁釉《えんゆう》小皿、卸皿、卸目大皿、折縁《おれふち》大皿・直《ちょく》縁《えん》大皿・碗形鉢・香炉・瓶子《へいし》、常滑甕である。瓦質《がしつ》土器では火鉢・風炉《ふろ》である。

出土遺物の大半は、十五世紀前半に比定されるが、古瀬戸の天目茶碗・瓶子は十二世紀末から十三世紀前葉に遡りうる。また、青磁には同安窯系櫛描文《どうあんようけいくしがきもん》碗が一点あり、やはり十二世紀末から十三世紀前葉に遡りうることから、館あるいは屋敷としての成立は鎌倉時代初期に遡る可能性がある。

遺物の組成を見ると、かわらけの比率が高く、中国陶磁器より古瀬戸製品の出土比率が高いことも指摘でき、階層性の高い館跡であることと、陸奥南部特有の流通状況が理解できる。茶道具や床飾りなどもあり、いわゆる「茶・花・香」の道具であり、やはり館の階層性の高さを示している。

修羅の発見

木製品は内堀の橋跡周辺から、集中して出土している。木製品には、漆器椀・曲物・下駄、道教の方術のための文字・符号を記した呪符・箸・羽子《はご》板状《いた》製品、脱穀で使う竪杵《たてぎね》などのほか、大石や大木を運搬する道具である修羅の出土が注目される。修羅は橋跡基底部から出土した、Y字形のソリで、大振りの二股に分かれた枝を利用して作られ、頭部と両足に、木材を接合するときの接手に穿つ「ほぞ」様の穴が穿たれ、運搬時に縄などを掛けたものと推測される。接地面には斜めに削った加工痕があり、円滑な移動のための工夫がなされている。全長一・六《メートル》と小型であるが、館造営時に使われた運搬具とされている。

館の変遷

本館は会津と中通りを結ぶ交通の要衝にあり、河岸段丘上に立地する平地の居館である。館あるいは屋敷としての成立は鎌倉時代初期に遡る可能性はあるが、その規模や構造は不明である。

現況の館は、十五世紀前半に主に機能した館であり、その空間構成や構造を見ると、橋の架かる虎口から入る広場や主殿などがあり、出土遺物から見ても、階層性の高さが窺える。一方、規模は方一町に満たないことから、一国規模の領主館とは言えないが、長沼地域を支配する在地領主の居館と考えられる。また、柵状ピット列南側は土塁がなく、建物も不明確であることから、主郭が拡張された可能性がある。そう仮定すると、初期の館は主郭の北半分、方半町程度の規模であったことが推定できる。

本館の北東方向二〇〇メートル、会津街道の北側に、複郭の平地居館、長沼北古舘が存在したが、県営圃場整備事業で消滅している。出土遺物は十四世紀後葉から十五世紀前葉に比定され、かわらけが少ない。本館に先行する館と推定できる。北古舘・南古舘とも、「長沼城古図」に描かれており、礎石建物などの痕跡も認められていることから、一六世紀末から一七世紀初めにも機能した可能性がある。

南陸奥の二つの御所

篠川御所と稲村御所

十四世紀末以降、奥羽は鎌倉府の管轄下に入るが、応永五年（一三九八）の鎌倉公方《くぼう》足利満氏《みつうじ》の急死に伴い、奥羽の支配体制の再編が迫られ、新公方満兼《みつかね》の命により、応永六年以降に弟満直《みつなお》が陸奥国安積《あさか》郡（現・福島県郡山市）篠川《ささがわ》に下向して、篠川御所と呼ばれた。一方、弟満貞《みつさだ》は陸奥国岩瀬郡稲村《いなむら》に下向して稲村御所と呼ばれた。鎌倉府の陸奥の出先機関として、上位に立って国人を統合して、伊達氏・斯波氏などの反鎌倉府勢力に対抗した。

足利満直の篠川御所

福島県郡山市安積町笹川にあり、阿武隈川西岸の微高地に立地している。奥大道、奥州街道、JR東北本線が周囲を通過し、阿武隈川渡しも推定され、陸上交通と内水面交通の要衝である。鎌倉後期には北条氏の所領であり、南北朝期には宇津峰《うつみね》城の攻防で、幕府の陸奥での軍事指揮権などを持つ奥州管領吉良《きら》貞家《さだいえ》が陣を置いたとされている。

垣内和孝によると、室町期の篠川御所（Ⅰ）は東西約一二〇メートル、南北約一八〇メートルの規模で、一町×一町半となり、南陸奥では伊達氏梁川遺跡群の伊達氏館の規模に比肩される。主軸方向は北から一五度東へ傾き、周囲にⅡ・Ⅲ・Ⅳ・Ⅴの区画があり、満直に従属する国人層の館や寺院と推定されている。永享十二年（一四四〇）に関東で起こった幕府と下総結城氏らとの戦いである結城合戦に呼応して蜂起した、南奥の周辺国人層に攻められ、満直は自害し、滅亡した（図26）。

主軸がほぼ北となるⅥ・Ⅶ・Ⅷの区画は、いずれも部分的ではあるが、土塁が残存し、戦国期の篠川城と考えられている。Ⅵには櫓台もあり、主郭と考えられ、Ⅶは副郭、Ⅷは室町期の御所であるⅠとともに、郭として機能したとされている。天正期は二階堂氏家中が城主であるが、天正十六年（一五八八）以降は伊達氏への従属が指摘されている。

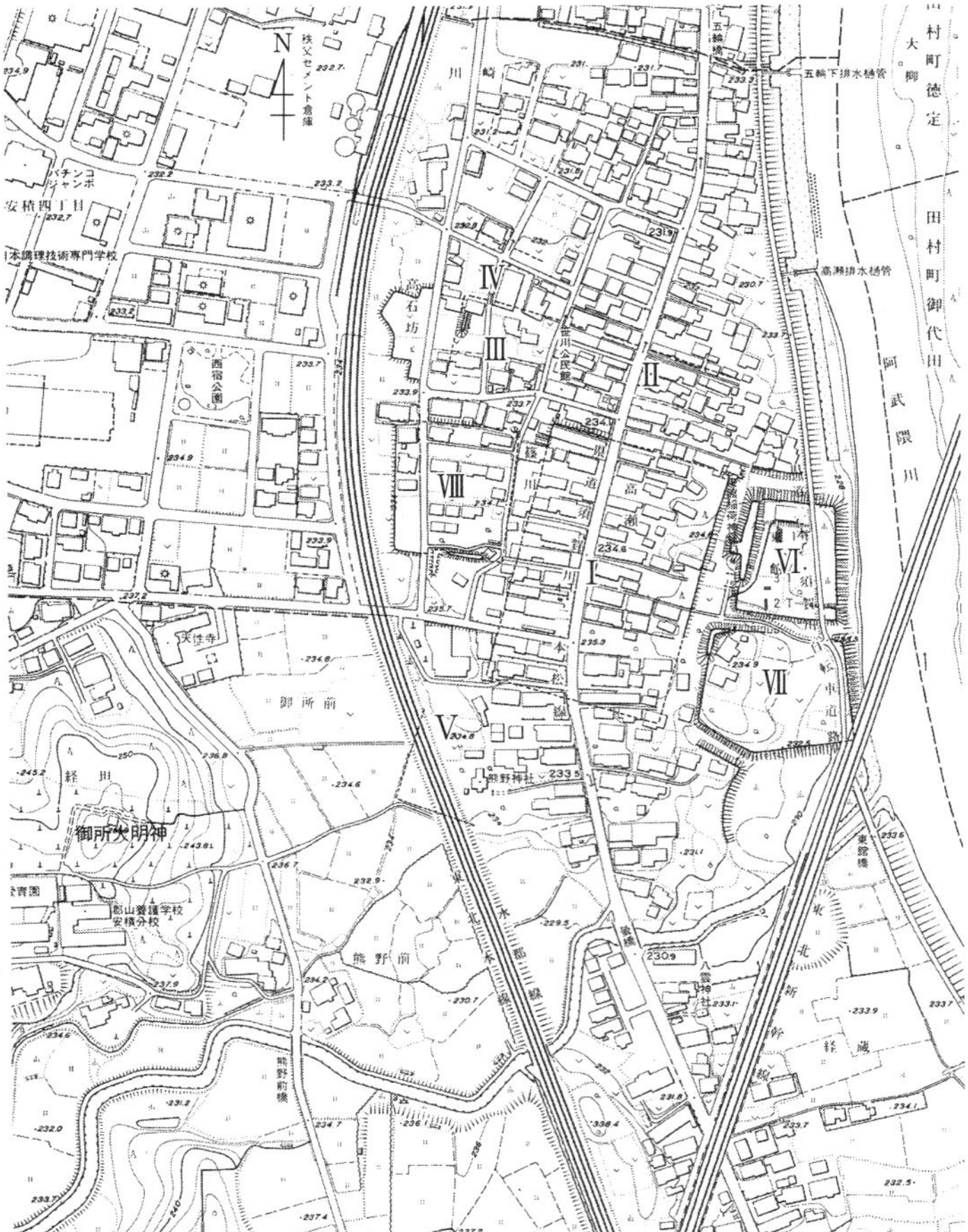

図26　篠川御所現況図（垣内和孝2006より）

多量のかわらけの出土

篠川御所は一部試掘調査が行われ、トレンチ調査であるが、四面の遺構面を確認し、第3遺構面が十六世紀後半から末頃、第4遺構面が十五世紀前半とされている。それぞれ篠川城、篠川御所の遺構面とされている。わずか約五六平方メートルの調査であるが、一〇四三点の土器・陶磁器が出土し、そのうちロクロ整形のかわらけが一〇一五点で、九七％がかわらけである。

ほかに、中国産白磁・染付、古瀬戸、常滑、瓦質火鉢・香炉などが出土している。一平方メートル当たり一八点を超える出土量は突出しており、特にかわらけの出土比率の高さは、後述する伊達氏館を上回り、御所に相応しい内容といえる。

足利満貞の稲村御所

須賀川市稲村御所は中央部の阿武隈川の支流である釈迦堂《しゃかどう》川と稲《いな》川に挟まれた標高約二六〇メートルの独立丘陵に立地する。平場は東西一七〇メートル、南北一四〇メートルの規模で、周囲に土塁が巡り、西辺と北辺は良好に遺存し、東辺と南辺は部分的に遺存している。北側に幅一五メートルの空堀と土橋が確認でき、土塁が折れており、a虎口と考えられる。南側には二段の腰郭《こしぐるわ》があり、d－c付近に通路と虎口が推定されている。現況は土塁やa虎口の形態などから戦国時代と考えられている（図27）。

国道改良工事では、館跡の南東側が調査された。調査では古代・中世・近世の竪穴建物、

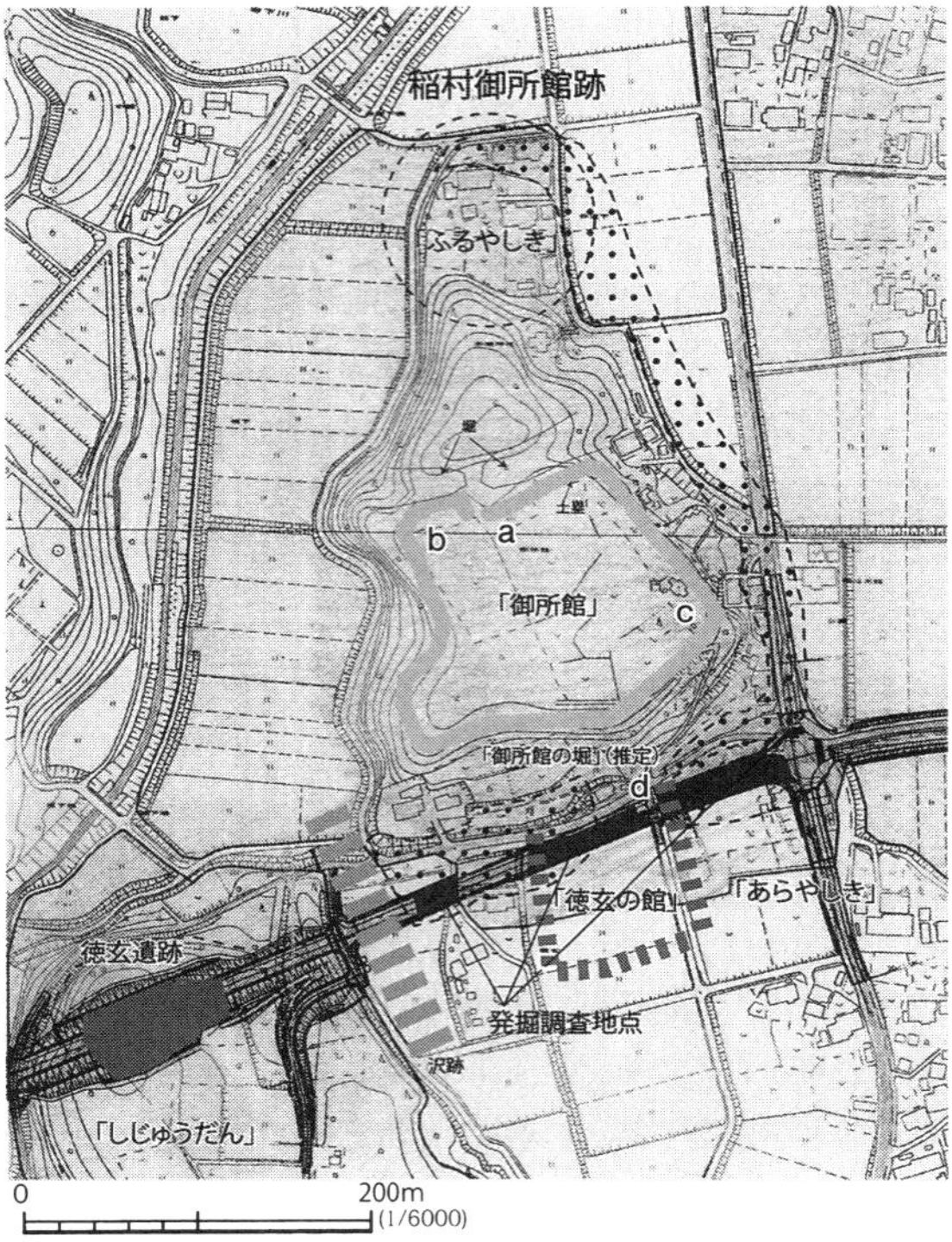

図27　稲村御所想定図（管野和博2016より）

掘立柱建物、柱列・柵列、堀、溝状遺構、ピットが検出され、出土遺物は陶磁器、かわらけ、鉄製品、銭貨、漆器、折敷《おしき》、骨角製品などで、木製品・かわらけの出土が多い。陶磁器では古瀬戸、常滑、中国産の青磁・白磁・青白磁などで、伝世品はあるが、十四世紀末から十五世紀中葉の年代にほぼ限定できる。かわらけはロクロかわらけのみで底部板状圧痕、内底ナデが顕著であり、十四世紀後葉から十五世紀の年代が推定され、地鎮を示す合わせ口のかわらけの出土は注目される。

遺跡は三期に区分され、Ⅰ期は十四世紀末から十五世紀前半で、御所を囲む南堀と土橋が確認されている。Ⅱ期は十五世紀中葉とされ、南堀が人為的に埋められて、溝・掘立柱建物が新旧二時期で確認されている。Ⅲ期は十五世紀後半〜十六世紀とされ、方形の館を構成する溝跡と館内部に掘立柱建物が新旧二時期で確認でき、主殿級の建物である。

室町幕府対鎌倉府の政治情勢の中で、鎌倉公方は弟満貞を稲村に下向させ、篠川公方の幕府方に転じて対立することに伴い、応永三十一年（一四二四）には鎌倉へ引き上げて、稲村御所は消滅する。その歴史的な状況と、Ⅰ期の堀跡やⅡ期溝跡出土の遺物の年代は、ほぼ符合し、本館跡が「稲村御所」に比定できる証左となっている。また漆器が多く出土し、三〇〇点以上の箸や折敷を出土したほか、礼服着用の際に成人男性が被った「折烏帽子《おれえぼし》」の出土は希少であり注目される。豊富な出土遺物は室町時代の「御所の生活文化」を見事に表現しており、多量のかわらけ・箸・折敷の出土は、室町時代以降の武士の最も儀礼的な饗宴で行われた「式三献《しきさんこん》」に代表される武家儀礼の存在を示している。

戦国大名の本拠

伊達氏の本拠

伊達氏と梁川

福島県伊達市梁川町《やながわ》にある伊達氏館（梁川城本丸）の創築は、十三世紀中葉、三代伊達義広《よしひろ》の頃とされている。そして、十四世紀末頃まではおおむね梁川が本拠とされ、応永末年頃には梁川城が伊達氏の本拠として確定した。応永三十三年（一四二六）に十一代持宗《もちむね》が梁川八幡宮を造営・上棟し、嘉吉元年（一四四一）に輪王寺《りんのうじ》を創建していることから、この頃に伊達氏館を整備したと推測されている。

大永二年（一五二二）に十四代稙宗《たねむね》が陸奥守護職《しゅごしょく》に補任《ぶにん》され、伊達氏館は陸奥国守護の府城となる。そして、天文元年（一五三二）頃、本拠を福島桑折《こおり》町桑折西山城に移し、居城としての歴史を閉じるが、天文二十二年頃には十五代晴宗《はるむね》の弟・宗清《むねきよ》が城主となる。

天正十九年（一五九一）に十七代政宗が秀吉により宮城県玉造《たまつくり》郡岩出山《いわでやま》に移り、宗清も梁川を去る。その後、蒲生氏・上杉氏の支城となり、寛文四年（一六六四）に上杉氏の削封により、伊達・信夫郡は天領となり、梁川城は廃城となった。以後、梁川は幕府代官支配や各藩領となり、天和三年（一六八三）～享保十五年（一七三〇）までの約半世紀の松平領の時期と、文化四年（一八〇七）と文政五年（一八二二）の松前領の時期は梁川藩が置かれ、本拠の「陣屋」が梁川城に置かれた。

伊達氏館・庭園

信達《しんだつ》盆地の北東端、伊達市梁川鶴ケ岡《つるがおか》・桜岳《さくらだけ》に所在する、標高約五〇～六〇㍍の河岸段丘上に立地し、西に阿武隈《あぶくま》川、東に塩野《しおの》川、南に広瀬《ひろせ》川が流れる。現況で観察できる遺構の大部分は、慶長三年（一五九八）以降の上杉氏による大改修の結果と考えている（図28－1）。その中で、旧・梁川小学校校庭にある「心字の池」は伊達氏館を偲ぶことができる数少ない遺構である。

発掘調査から推定される伊達氏館は、ほぼ旧・梁川小学校の敷地に納まり、一辺一〇〇～一五〇㍍の方形ないしは長方形を呈し、堀と土塁《どるい》で囲まれた「方形館」と考えている。一九七八～八〇年の旧・梁川小学校グランドでの庭園の調査では、A～F期の六時期の建物変遷が明らかにされ、A期が十四世紀、七代行朝～九代政宗期、B期が十五世紀前半、

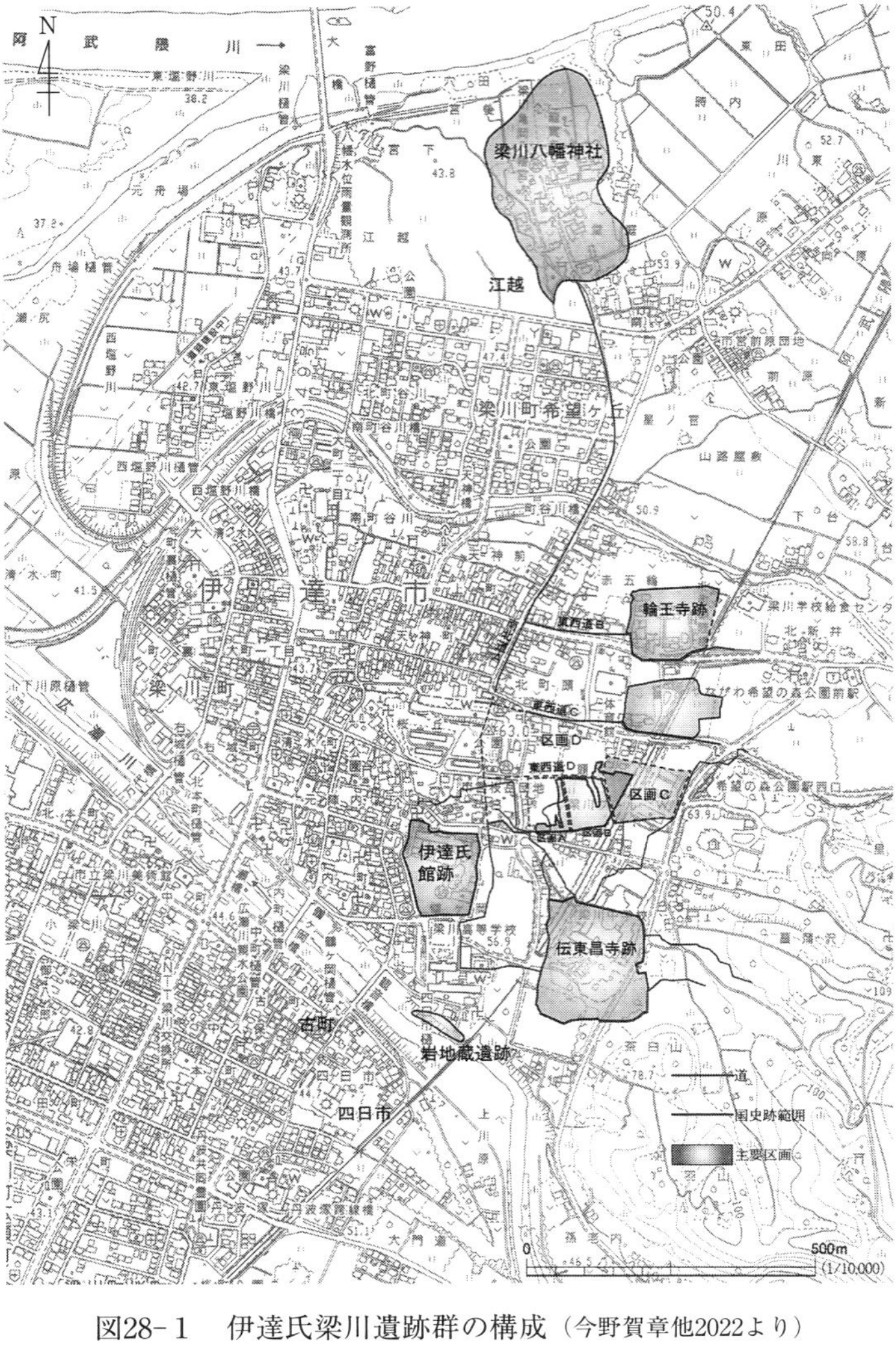

図28-1　伊達氏梁川遺跡群の構成（今野賀章他2022より）

十一代持宗期、C期が十五世紀後半、十二代成宗《しげむね》期、D期が十六世紀初頭、十三代尚宗《ひさむね》期、E期が十六世紀前半から中頃、十四代稙宗期とされている。

各時期に主殿・会所《かいしょ》・厩《うまや》とされる掘立柱建物《ほったてばしらたてもの》が推定され、ある程度の空間構成もわかり規格性もあると判断される。稙宗が陸奥守護職に補任された時期と考えられるE期には、建物群東側に「心字の池」と呼ばれる池庭が整備され、それに面する「会所」もあるとされている。まさに、小野正敏の提唱する「都型の館・屋敷の空間構成」の影響を受けた館と言え、伊達氏が守護職としての威儀を整えたことが窺える（図28－2）。

出土遺物のうち土器・陶磁器は、一七三〇〇点あり、このうちかわらけはすべてロクロ整形で、一五四〇〇点を数え、八九％となり、圧倒的である。出土遺物のうち、中世の陶磁器は三八〇点を数え、二・二％と少ない。出土陶磁器は、十六世紀前半代に激増することが指摘され、青磁香炉・瓶《へい》・盤《ばん》などの威信財に類するものも少なからず認められる。十五世紀から十六世紀前半の出土遺物の組成を見ると、出土破片数一一八点のうち瀬戸・美濃三〇％、中国陶磁器四一％である。ロクロかわらけの出土量と出土比率も見ると、奥羽では最多であり、篠川《ささがわ》御所などに比肩する。出土分布を見ると、調査区北端の3号不明遺構（小石敷遺構）周辺に密集している。

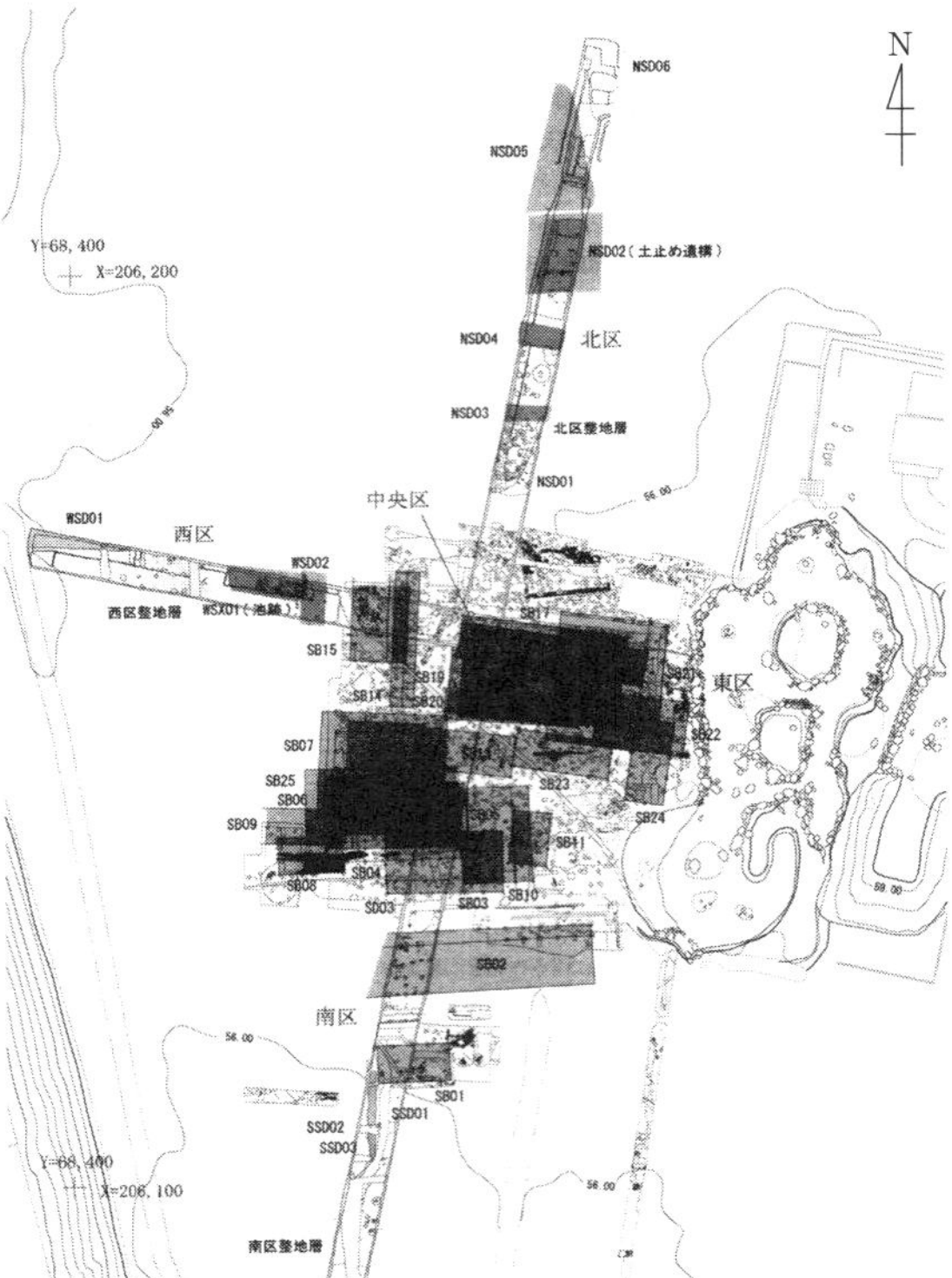

図28-2　伊達氏館の遺構分布（今野賀章他2018より）

また、地元出身の庭園史研究者である浅野二郎は「心の字池庭園」の作庭期を考察する過程で、伊達氏と室町殿などの庭園との直接的な関係を指摘している。十一代持宗は寛正三年（一四六二）に上洛し、将軍義政《よしまさ》に室町殿で謁見し、十二代成宗は文明十五年（一四八三）に上洛し将軍義尚《よしひさ》、日野富子《ひのとみこ》、細川政国《まさくに》らに謁見、小川御所の「御庭拝見」をしている。十四代稙宗は永正十四年（一五一七）に将軍義稙《よしたね》より偏諱《へんき》を授かり、大永二年陸奥国守護に補任される。以上の史料から、作庭期を成宗から稙宗の時代に比定している。

梁川城二の丸

梁川中学校グランド整備に伴い、二の丸の試掘調査が行われた。少なくとも三時期の堀跡と掘立柱建物・溝などを検出した。それは大まかに二の丸跡構築以前と二の丸完成時、そして二の丸改修後に分けられ、出土遺物はかわらけ・陶器・瓦などで、十六世紀以降の年代とされる。二の丸構築以前は中世の遺構であり、二の丸完成時が上杉期と推定され、伊達期の遺構・遺構面は遺存状況が悪く、上杉氏による大改修により、遺存していない可能性が高い。なお、梁川高校プール建設のために、梁川城南端、二の丸土塁の一部が調査され、戦国期以降の築造であることが指摘されている。

また、梁川中学校グランド整備に伴う試掘調査で、梁川城本丸跡（伊達氏館旧梁川小学校）西側を区画する堀跡で「薬研形《やげんがた》」（古期）と「箱薬研形」（新期）の二時期の掘り直しを確認したほか、二の丸北側斜面部で一部中世の遺構面を確認した。

梁川城北三の丸

北三の丸は梁川城跡の北端「字桜岳」に立地する。戦国末期以降と推定される大規模な土塁や堀跡に囲われ曲輪で、礎石建物跡や掘立柱建物跡・石敷遺構などが検出された。確実に中世と考えられる遺構は3・4号溝で幅約三メートル、深さ約一メートルの規模を箱薬研形の断面形が共通する。調査区外で直交する区画溝と判断されている。図示された中世の出土遺物は破片数で八七点を数え、青磁、瀬戸、瓷器系・須恵器系陶器、瓦質擂鉢・火鉢・風炉・香炉、かわらけ、内耳鍋《ないじなべ》などの組成であり、瓦質製品とかわらけの比率が高い。十三・四世紀に遡りうる遺物もあるが、大半は十五世紀から十六世紀前半とされている。特に、珠洲《すず》甕・擂鉢の出土は注目され、珠洲産で十五世紀前半である。陸奥南部の太平洋側で、Ⅳ期以降に珠洲焼が出土する例は少ない。

東昌寺（茶臼山西遺跡）

伊達氏館の東側、茶臼山西麓、梁川高校グランド北側で調査し、発見された遺構は火葬所・溝跡・礫群などである。図示された出土遺物は破片数で二七点を数え、染付、青磁、瀬戸、かわらけ、瓦質擂鉢・火鉢・風炉・花瓶の組成となり、ほかに瓦・塼《せん》などが出土している。瓦質土器とかわらけの比率が高いことは、北三の丸と共通する。被熱している遺物がほとんどであり、隣接する梁川高校グランド造成時にも、被熱した瓦・塼が多量に出土している。十三世紀に遡る遺物も少量あるが、十四世紀後葉から十五世紀を主として、遅くとも十六世紀初めに火災で廃絶した可能性が高い。

なお後述するが、出土軒平瓦については、将軍足利義満創建の相国寺《しょうこくじ》・鹿苑寺《ろくおんじ》と同文である。延宝年間（一六七三～八一）の成立とされる絵図（宮城県立図書館所蔵　図28－7）などによると、「茶磨館」の西麓に「東昌寺跡」の記述もあり、遺構・遺物の内容も踏まえて、梁川高校グランドを中心とした空間を「東昌寺跡」と推定した。東昌寺は弘安六年（一二八三）創建とされる伊達氏の菩提寺、伊達五山の筆頭であり、臨済宗の名刹《めいさつ》であり、一時「安国寺」とされていた。

館の東に広がる武家屋敷・寺院（茶臼山北遺跡）

伊達氏館の東側、茶臼山北西麓に位置し、梁川中学校建設に伴い約一一五〇〇平方㍍《メートル》を調査された。一〇〇棟を超える掘立柱建物群や、溝八条、土坑二〇基、池二ケ所、井戸六基、道一条、不明遺構四基などが検出され、段切や溝跡・道跡で区画された寺院、武家屋敷、町屋群が推定され、中世梁川の町割りが明らかにされた（図28－3）。図示された出土遺物は破片数で九七点を数え、かわらけ、内耳鍋、瓦質火鉢・風炉・花瓶・香炉・擂鉢、瓷器系陶器、古瀬戸、白磁、漆器の組成となり、ほかに瓦・塼が出土している。十三・四世紀に遡る可能性はあるが、十五世紀から十六世紀初頭が最盛期である。瓦質土器やかわらけの比率が高いことや京都系かわらけの影響を受けた、ロクロかわらけが卓越する。

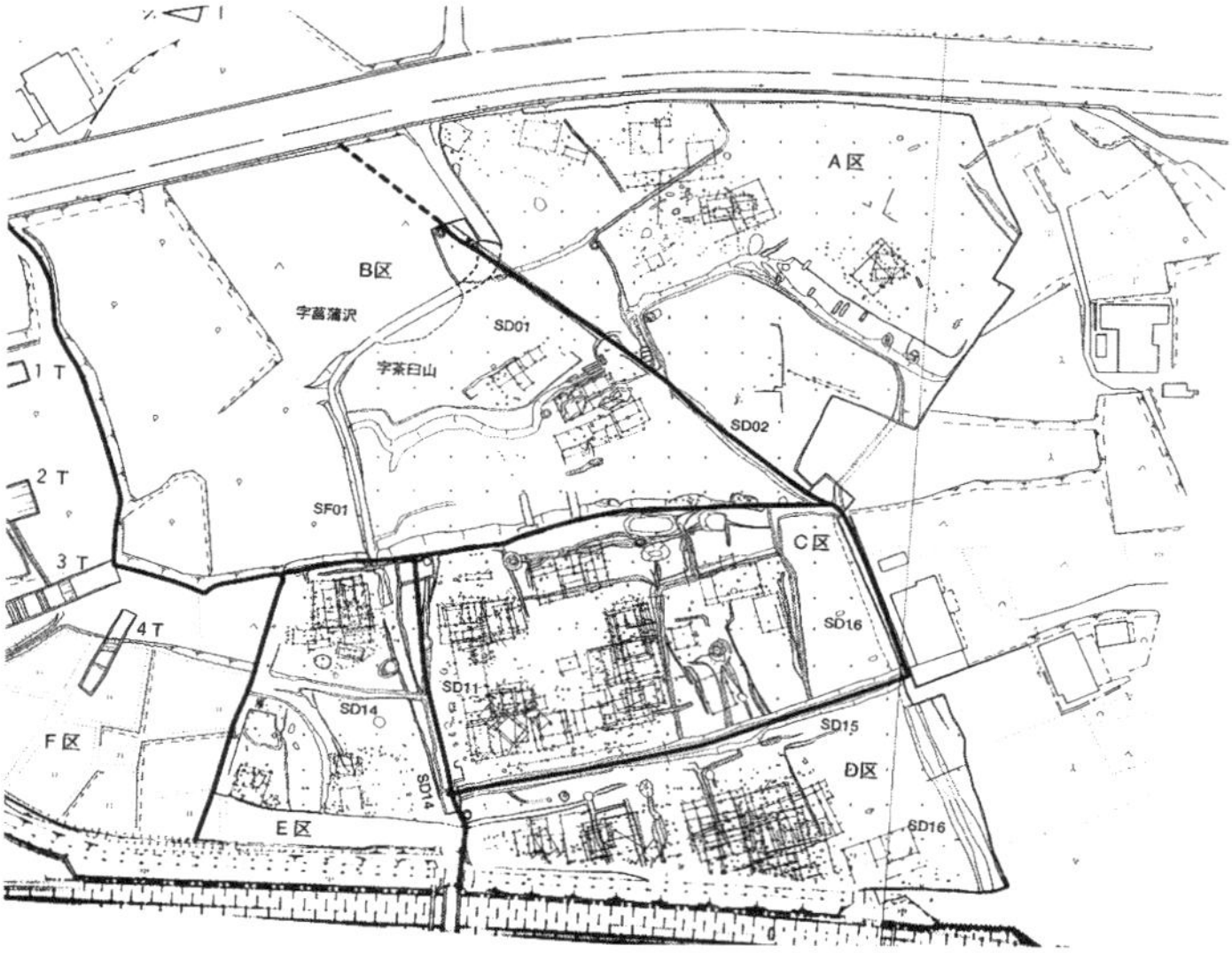

図28-3　茶臼山北遺跡全体図（鈴木啓他2005より）

越前焼の出土

茶臼山北遺跡で出土した越前焼甕は、十五世紀前半とされ、肩部には「『本』+正格子」の押印があり、小野正敏によると、この押印は福井県越前町平《たいら》等の「上松尾」に所在する窯跡（大釜屋窯跡群）にある（図28－4）。東北地方南部における珠洲系、越前陶器の分布を検討した佐藤俊によると、十五～十六世紀に限定でき、城館からの出土に限定できることを指摘している。本例のほかに、伊達氏梁川遺跡群北町頭地区、伊達市舟橋遺跡や桑折町桑折西山城でも越前焼が出土し、伊達氏に関連する城館や寺院からの出土が確認される。また、既述のように北三の丸跡からは十五世紀の珠洲焼甕・擂鉢が出土している。

文献史学の立場から、黒嶋敏は、伊達持宗は幕府が鎌倉府を牽制するために京都扶持衆として取り立てられ、南奥羽の親幕府派の代表となっていったとする。越後応永の乱を契機として、守護上杉氏方軍勢の主力となり、「伊達一族滑澤卜云う者」が奥山荘の北隣である荒川保に拠点を得るなど、権益を広げようとしていたと指摘されている。また、九代政宗は幕府方に与した際に、将軍足利義満から「越後梶原わたり半分」を宛行われ、「越後国蒲原郡の渡し」である可能性が指摘されている。そして、既述の越前焼の流通も踏まえて、越後から伊達領へ至る恒常的なルートが機能したと指摘し、政治的には伊達氏による室町幕府との通行をも意味しているという。

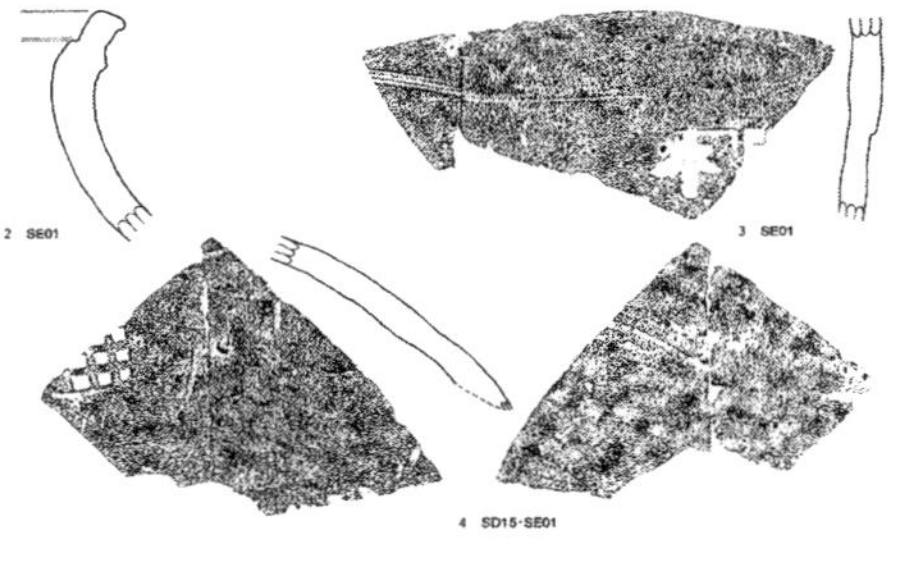

図28-４　茶臼山北遺跡出土越前焼
（鈴木啓他2005より）

この後、十三代尚宗やその子稙宗の代ではより直接的に越後上杉氏と連携し、ついに稙宗は越後上杉氏に養子を送ろうと計画して失敗し、伊達家中に深刻な分裂状態を生んで、伊達氏天文の乱の原因ともなっていると指摘する。このように黒嶋は十五世紀の伊達氏が越後との深い関係を保持していたことを的確に指摘し、伊達氏関連の遺跡での越前・珠洲焼の流通を、文献史学から説明している。特に、越前焼は中型の甕だけが、伊達氏関連の城館や寺院のみから出土し、政治的な側面も否定できない。

館の北東に広がる武家屋敷・寺院(南町頭地区)

伊達氏館の北西で、梁川城北三の丸西側に広がる南町頭地区は、地籍図で一〇〇×一〇〇メートルほどの区画が想定され、調査の結果、区画A~Cの三つの区画が確認された。区画A・Bは東西七〇メートル、南北一〇〇メートル程度の規模で、堀と土塁で区画され、三~四回程度の作り替えが確認されている。区画Bでは東西六間南北三間の掘立柱建物を中心に、その北側に蔵があり、ほかに池跡などが推定されている。出土遺物から十五世紀中葉から十六世紀の年代が推定されている。

区画Cは一辺一〇〇メートルを超える区画で、最大の規模の区画となる。この三区画の出土遺物はかわらけ、青磁・白磁・染付、古瀬戸、越前・在地瓷器系陶器、瓦質火鉢・花瓶などで、十三~十六世紀の年代となるが、その盛期は十五・六世紀である。かわらけが出土遺物の九割を占め、威信財と思しき青磁盤なども出土している。伊達氏館に比して、出土遺物の量は三〇分の一程度である。

「蘭庭禅尼」発願の輪王寺

伊達氏梁川遺跡群の北、町屋川に形成された河岸段丘面に立地している。輪王寺は、三代将軍足利義満の叔母にあたる十一代持宗の祖母「蘭庭禅《らんていぜん》尼《に》」の願いにより嘉吉元（一四四一）年に創建され、伊達氏の移転とともに、天文元年（一五三二）桑折西山に移転したとされ、現在も仙台市にある。

調査では三〇〇メートル、南北二四〇～二七〇メートルの略方形を呈し、四辺が土塁と堀で区画され、南辺に門が推定されている。検出された遺構は堀・土塁・池・溝・掘立柱建物・土坑・石敷遺構・カマドなど西側に庭園、南東側で「庫裏《くり》」と推定される掘立柱建物などが検出された。図示された出土遺物は、破片数で四六点を数え、中国産の染付・青磁、瀬戸、瓷器系陶器、かわらけ、瓦質土器火鉢・香炉・花瓶・皿・擂鉢の組成となり、ほかに瓦などが出土している。十五世紀後半から十六世紀中葉とされる。

南西隅が発掘調査され、区画施設が築地塀から土塁に改造されたことが明らかにされ、その時期は天文元年以降とされた。輪王寺が武装寺院あるいは館として継続利用されたことが指摘された。つまり、輪王寺は創建当初は築地塀で区画されたが、移転後、大型土塁と堀で区画したことが明らかとなった。

北と南の境界装置—宗教施設—

梁川亀岡八幡宮（堂庭《どうにわ》遺跡）は梁川市街地の北、阿武隈川右岸の河岸段丘上にあり、舌状の微高地が遺跡範囲で、西半分が県指定史跡・名勝「旧梁川亀岡八幡宮・別当寺境内域」、東北部が龍宝寺《りゅうほうじ》境内となっている。梁川亀岡八幡宮の成立については、伊達氏祖の朝宗《ともむね》が伊達市保原町高子《たかこ》に本拠を構えた際に、鎌倉鶴岡八幡宮を勧請《かんじょう》して亀岡八幡宮を営んだことや、九代政宗夫人が石清水八幡宮にゆかりのあったことが指摘されているが、『伊達《だて》正統世次考《せいとうせいじこう》』によると応永三十三年（一四二六）の十一代持宗による再建棟札が初見であり、十一代持宗、十二代成宗の十五世紀中頃の整備が推定されている。

龍宝寺境内の調査で、北東端で池跡などを検出した。この池跡からは、ロクロ調整の斉一性の高いかわらけが多数出土し、十三世紀に比定され、祭祀・儀礼による廃棄の可能性が指摘されている。遺構・遺物の状況は梁川亀岡八幡宮に関わる遺跡の一部の可能性が高く、その時期は少なくとも十三世紀に遡りうることが明らかにされた。さらに、梁川亀岡八幡宮の現・本殿の北側で、十三・十六世紀の二時期の重複する区画溝がほぼ同じ位置で検出された。十三・十六世紀には社殿が整備されたことが窺えた。伊達氏梁川遺跡群の北

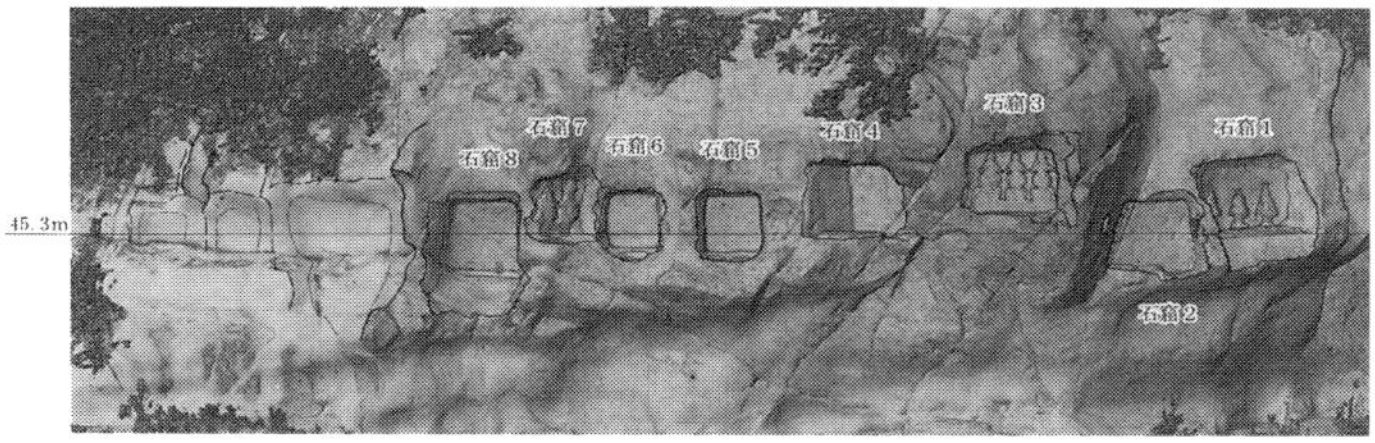

図28-5　岩地蔵遺跡（今野賀章他2022より）

を画する宗教施設である。

南を画する宗教施設として、岩地蔵遺跡がある。伊達氏館・東昌寺の南、西流して阿武隈川に合流する広瀬川の北岸の崖面に穿たれた石窟で、八基が確認された。３号奥壁には五輪塔のレリーフが三基彫られ、火輪や空風輪の形状の特徴から、十六世紀の年代が推定されている（図28－5）。

菊花唐草文軒平瓦

三十数年前になるが、当時、梁川町史編纂室長であった八巻善兵衛に、東昌寺や伊達氏館で出土した瓦を初めて見せていただいた。軒平瓦の復元では、輪郭線で菊花の花弁を表現した半截菊花《はんさいきくか》文を中心飾りとして、左右に唐草文《からくさもん》が展開し、両端に上向きの四分一截した輪郭線で花弁を表現した菊花を配する文様で、全体を界線で区画している。同じ頃、地元の菅野家弘に伊達市宮脇廃寺《みやわきはいじ》表採の瓦を見せていただき、同文であることがわかった。伊達氏と霊山の関係を考える契機となった（図28－6）。

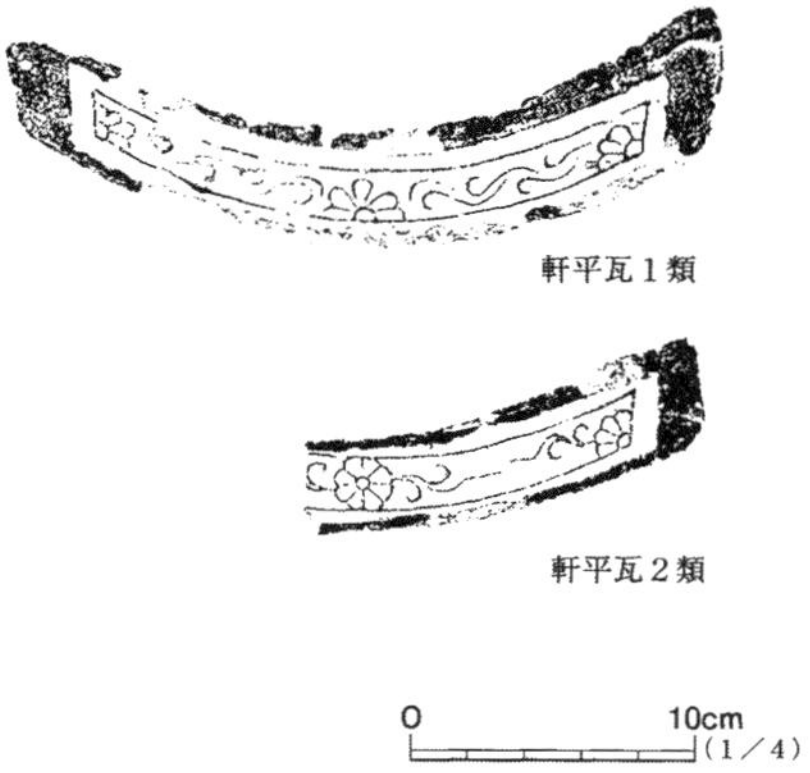

図28-6　宮脇廃寺跡出土菊花唐草文
軒平瓦（今野賀章2013より）

その当時、この軒平瓦の類例は鎌倉市鶴岡八幡宮や群馬県上野国国分寺・尼寺中間地域や栃木県足利市樺崎《かばさき》寺などにしか類例がなく、その類例から室町時代のものと考えていた。その後、山崎信二の『中世瓦の研究』に触れて、京都の相国《しょうこく》寺・鹿苑寺に類例があることを知り、樺崎寺と相国寺・金閣寺の技法的な系譜関係を知ることができた。また、おおむね十五世紀代と考えてよいこともわかった。

そして、後述する宮脇廃寺の調査により、この軒平瓦を葺《ふ》いた寺院の存在が明らかになった。その頃、同志社大学今出川キャンパスの調査について、担当者の同志社大学の鋤柄俊夫や浜中邦弘から連絡をいただいた。相国寺旧境内の調査であった。その塔頭《たっちゅう》である鹿苑院《ろくおんいん》（金閣寺の前身）の推定地であることから、期待を込めて発掘調査の見学に伺ったところ、まさに同文の軒平瓦が多量に出土していて、本当に驚いたことを鮮明に覚えている。

報告書によると、半截菊花文を中心飾りとして、左右に反転させる瓦当文様で、中世Ⅱ

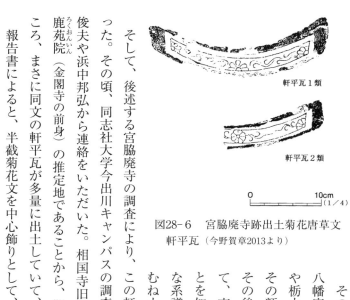

期の相国寺創建期から主体となる瓦当文様であり、伊達市例のように隅の飾りがない点は異なる。同じ文様を意識した瓦当文様と考えてよいようであり、将軍足利義満が創建した相国寺の創建期の瓦文様との類縁性があり、既述の輪王寺からも、足利将軍家と伊達氏の強い関係性を想起させる。

伊達氏が再興した「霊山寺」

伊達市宮脇廃寺は市東部の阿武隈山地の麓、広瀬川の支流祓《はらい》川に形成された標高約一四〇㍍《メートル》の開析谷に立地している。昭和四十年代から瓦の出土が知られ、地元の歴史考古学の第一人者であった梅宮茂や地元の方々の研究で、再建された霊山寺の可能性が指摘されていた。平成十八年（二〇〇六）度から内容確認の調査が行われ、礎石建物、掘立柱建物、池、石積遺構、溝跡、土坑などが検出された。

十五世紀前半とされる遺構は四間五間に四面庇が付く東面する二号礎石建物があり、基壇を有する総瓦葺で、西方に国指定史跡・名勝霊山を望むことができる。一号礎石建物は三間五間に四面庇が付く南面する建物で、周囲に石組溝が巡る。二号礎石建物を囲むように池跡を検出し、景石や滝口も確認している。その伽藍配置は京都・鹿苑寺などの北山文化の影響が想定されている。１期の遺構は火災で廃絶後、背後の丘陵の土砂崩れで埋没している。

出土遺物は瓦が九九％を占め、二九五二〇点を数え、ほかに陶磁器・瓦質土器・かわらけ・鉄製品などがある。瓦の種類や量から見て二号礎石建物が総瓦葺であることは明らかであり、出土した半截菊花唐草文軒平瓦は既述のように、京都・相国寺・鹿苑寺、栃木県足利市樺崎《かばさき》寺など将軍足利家関連の寺院にのみ出土例があり、十五世紀前半の年代が推定されている。

この宮脇廃寺造営の背景には、室町幕府対鎌倉府、奥州探題大崎氏対稲村《いなむら》・篠川《ささがわ》御所という対立構図の中で、幕府方であった伊達氏が京都・北山文化を模して寺院を造営し、足利家寺院所用の瓦と同文の瓦の使用が認められていたと評価できる。伊達氏菩提寺である伊達市東昌寺などでも、同文の瓦が使用されている。また、霊山寺に残る棟札《みなふだ》や『霊山《りようぜん》寺縁起《じえんぎ》』の記述から、伊達氏が霊山寺の再興として宮脇廃寺を造営したと指摘されている。

伊達氏の守護所「梁川」

都市・梁川の中心域は北を町谷川＝輪王寺、南を広瀬川＝岩地蔵（石窟）～羽山、西は伊達氏館の西側段丘崖、東は羽山～茶臼山～菖蒲沢であり、ほぼ鶴ヶ岡・桜岳・茶臼山・南町頭地区などが包括される。さらにその北に梁川鎌岡八幡宮（堂庭遺跡）が鎮座し、都市・梁川の鎮守として、都市の子午線の役割を果たしている。

伊達氏館は、堀と段丘崖で区画され、庭園や会所、厩を伴う一町半ほどの館で、十五世紀中葉から十六世紀前葉、十一代伊達持宗から十四代稙宗の時期に整備・充実され、大永二年（一五二二）に稙宗は陸奥守護職に補任されたことが画期となり、天文元年（一五三二）に桑折西山城に移転したとされる。小野正敏が提唱する「都型の館・屋敷の空間構成」の館と考えられる。京都の室町将軍館を規範としたと指摘され、守護職補任を考えると、「守護館」と呼ぶこともできる。

館の南東に伊達五山の筆頭である東昌寺の伽藍があり、北に一辺一〇〇《メートル》の方形の堀と土塁（築地）で囲われた輪王寺の重要な宗教施設がある。館の東側（茶臼山北側〈北三の丸、南町頭地区〉）には、一辺七〇〜一〇〇《メートル》規模の方形の武家屋敷・寺院群が展開し、館東側（茶臼山北遺跡）にも溝跡・道跡・段切で区画された屋敷・寺院・町屋群が展開する。東側茶臼山丘陵麓は、五輪塔群が林立する葬地である。南端広瀬川崖面には、岩地蔵遺跡（石窟）があり、輪王寺とともに、都市の結界装置として機能した。この周縁には、町屋や市などの存在も推定する必要がある。

以上、伊達氏館をはじめとする遺跡群は、十六世紀初頭頃にいずれも大規模な火災の痕

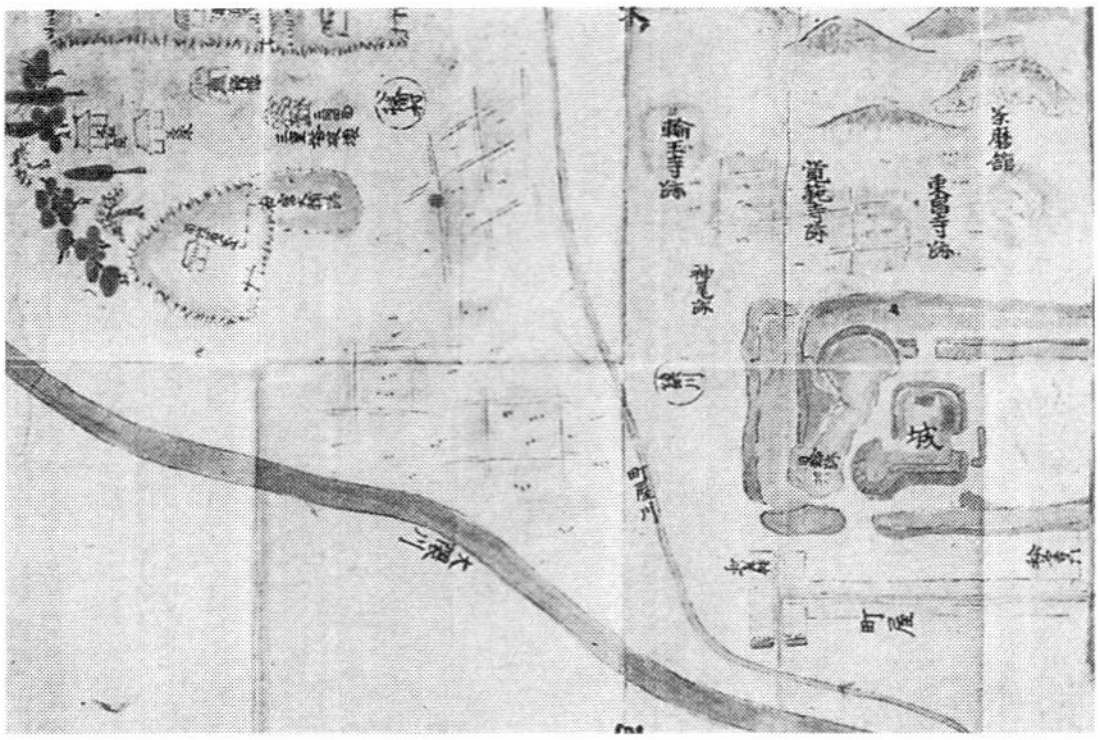

図28-7　『梁川城絵図』（宮城県図書館所蔵）

跡が確認でき、火災以前は北から八度東に傾く主軸の建物が多いが、火災以降は主軸が磁北となる建物が多くなり、都市の再整備が指摘されている。また、南町頭地区では、梁川亀岡八幡宮を軸とする南北道Aとそれに直交する東西道B～Dが推定され、方形の武家屋敷や寺院の存在が推定され、磁北を意識した方形地割の都市が想定され、「守護所」「守護町」と評価できる。十三世紀後半には梁川亀岡八幡宮（堂庭遺跡）が勧請され、伊達氏館とともに、これを中軸線として、都市・梁川が形成されたと考えている。

『伊達正統世次考』の編纂に関連する延宝年間の仙台藩の調査で作成されたとされる『梁川城絵図』は、既述の発掘調査の成果や地籍図ともよく合致し、伊達氏の本拠の構成をよく反映している。

伊達氏の本拠・米沢

天文の乱を経て、伊達晴宗《はるむね》は天文十七年（一五四八）に本拠を桑折西山城から米沢に移す。伊達期の米沢城については、上杉期の米沢城・城下町と重複していて、不明と言わざるをえない。そこで、同じく上杉期に大改修はされているが、ある程度推測が可能な館山城とその城下町について触れておきたい。

館山城は、山形県米沢盆地西端丘陵地の標高三一〇～三三〇《メートル》の舌状に広がる丘陵東端の「城山」と呼ばれる山城を中心とする。伊達輝宗《てるむね》が、天正十二年に家督を政宗に譲り、館山を隠居所として普請を始めた。十六世紀の伊達氏の時期とされる館山城のA期は、山上の曲輪Ⅰ～Ⅲと麓の館山北館・東館で構成され、曲輪Ⅰ・Ⅱの間に堀切があり、北法面の竪堀に連続する。曲輪Ⅰの北と南に虎口があり、館山東館と館山北館に至る（大手）道が想定され、曲輪Ⅱ北側には土塁や横堀、虎口があり、西側に土塁と堀切があり、主郭とされている。曲輪Ⅲは物見的な機能が推定されている。天正十八年の政宗の文書にある「要害之普請」に関わる遺構とされている。

館山北館は、小樽《こたる》川段丘面に立地し、掘立柱建物跡・井戸跡・堀跡や土塁などを検出し、十六世紀代の屋敷地が確認されている。館山東館では大樽《おおたる》川と小樽川で合流した舌状台地の平坦面に立地し、掘立柱建物跡・土坑・庭園状遺構・集積遺構などが検出され、大手口

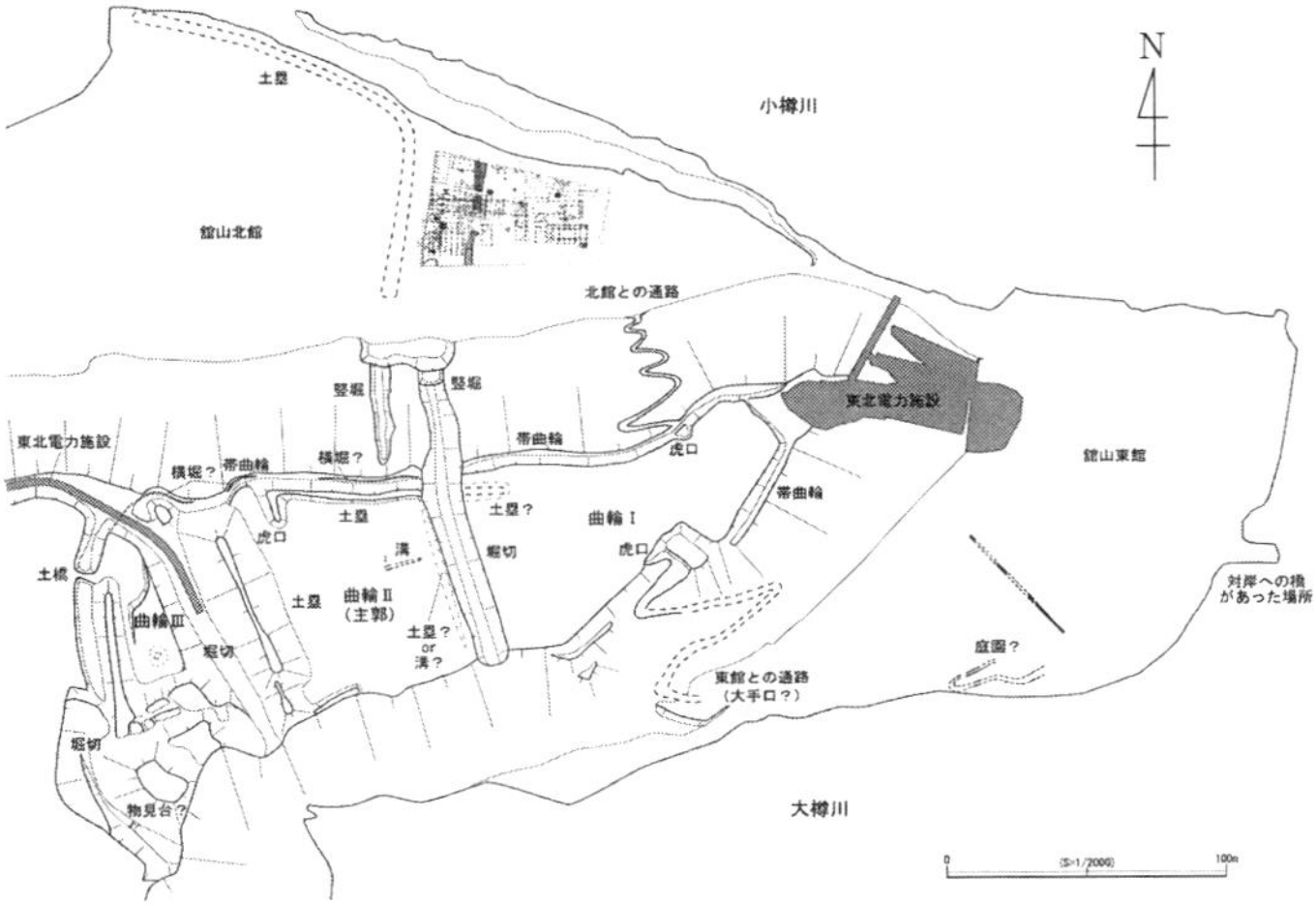

図29－1　館山城16世紀遺構配置想定図（佐藤公保他2015より）

に位置することから、城主の居館の可能性が指摘されている（図29－1）。

館山平城と並松土手

『伊達天正日記』や政宗の書状によると、伊達氏が米沢を本拠としていた時期に、館山には「要害」と「たて山御たて（館山御館）」の二つの城館があったとされ、「要害」が館山城であり、その東八〇〇キロにある館山平城が「館山御館」と推定され、館山四丁目付近にあったとされる輝宗の隠居所の可能性が指摘されている。館山城と館山北・東館は十六世紀前半には成立し、その東に「館山町」と呼ばれる町屋が成立し、天正十二年には館山平城付近に隠居所が普請され、天正十五年には館山平城のさらに

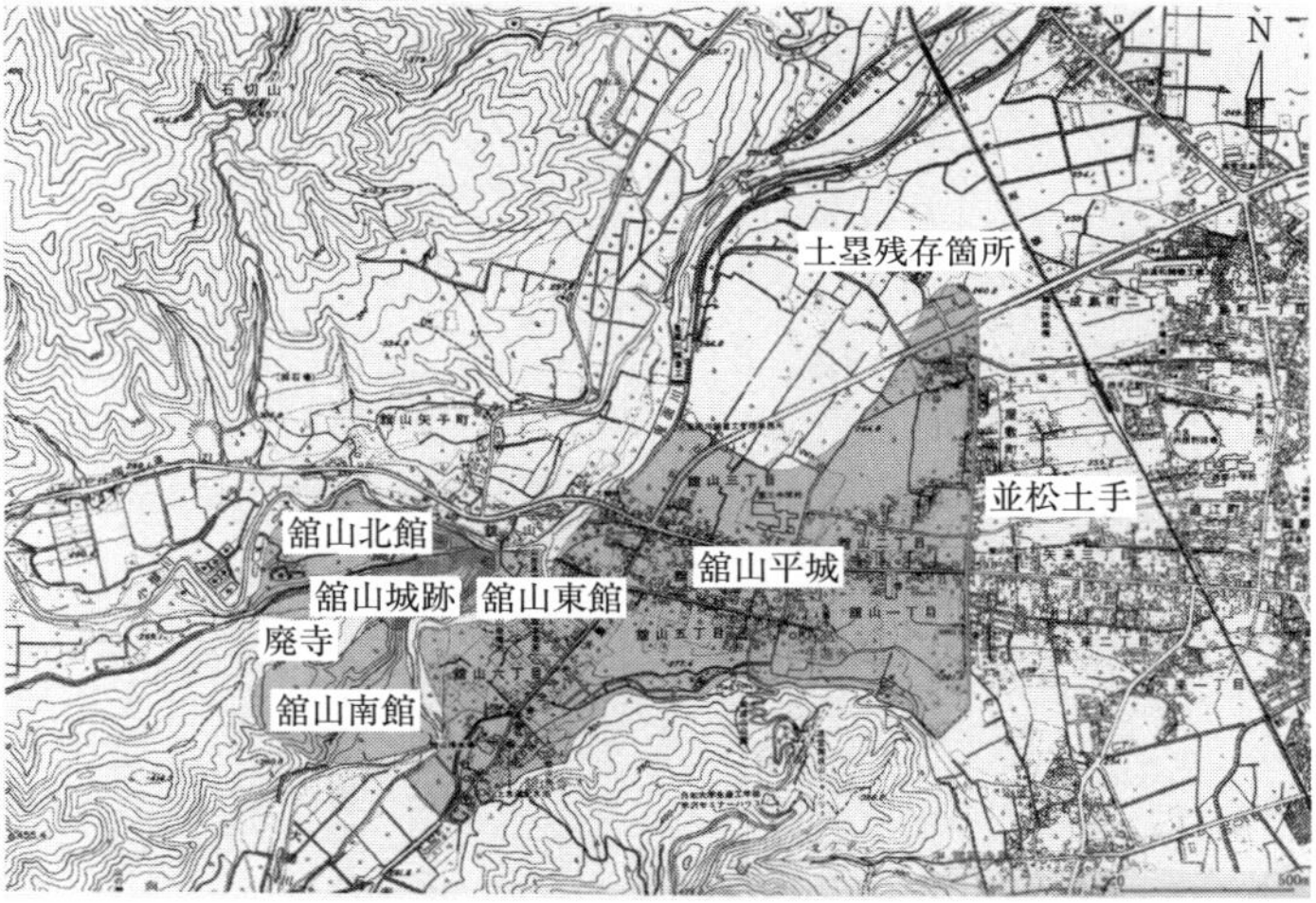

図29－2　舘山城と舘山平城・並松土手（佐藤公保他2015）

東四〇〇《メートル》にある、南北に約六〇〇《メートル》伸びる土塁と堀がある並松土手を含めて、政宗が地割・普請を行った可能性がある（図29－2）。

城下町と惣構

舘山の地籍図や微地形により、地割を検討した佐藤公保、須貝慎吾は、並松土手を惣《そう》構《がまえ》として舘山城から並松土手までの東西約一・二《キロ》、舘山平城から並松土手の南北約一・二《キロ》に伊達期の城下町の存在を推定した。そして、舘山平城のある段丘から南北に長方形街区が形成され各街区は短冊形地割がまとまって、両側街を形成しているとした。そして、舘山城（「要害」＋北館＋東館）と舘山平城（「舘山

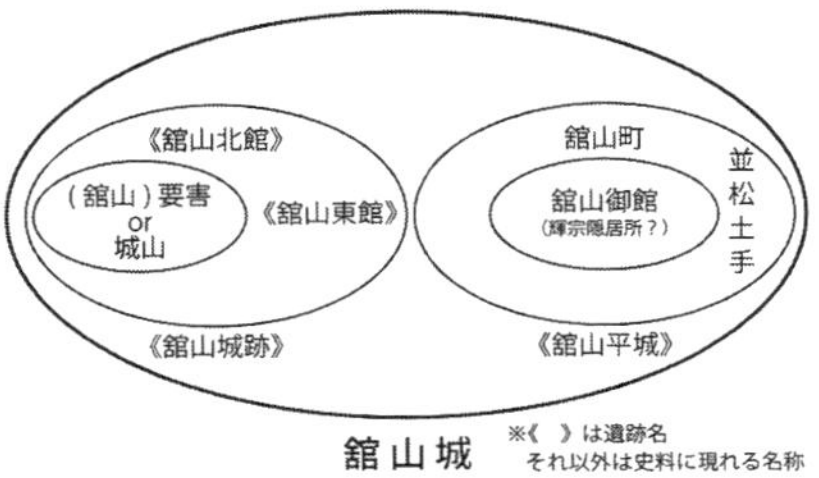

図29－3　舘山城概念図（佐藤公保他2015より）

御館」＋「館山町」）という二つを核として、北側に城下町が展開して、全体を惣構で囲む構造が指摘されている（図29－3）。

阿武高地の交通の要衝

最後に、伊達郡にある大規模な山城について紹介したい。阿武隈高地の山間部にある、戦国期の大規模な山城についてみてみよう。河《かわ》股《また》城は、福島県の中通り地方と浜通り地方を分ける、標高八〇〇～一〇〇〇メートル級の阿武隈高地の西麓、広瀬川で開析された川俣盆地の南西、丘陵上に立地する。川俣は、梁川、三春、福島、二本松、相馬方面に向かう街道が放射状に交差する、交通の要衝である。江戸時代の地誌・戦記物などには、城名を「御影城・牛ケ城」とし、「田村館」「御壺石」「稲荷宮」などの所在を記録している。慶長五年（一六〇〇）には伊達政宗の白石攻めと同時に、政宗旗下の河股城主桜田玄蕃が上杉景勝に攻め落とされたことが伝えられる。

大規模な山城

本城は東西約一・三キロ、南北一・二キロに及ぶ広大な山城である。標高三三七・七四メートルの三角点のある最頂部の主郭を中心として、二ノ郭・水ノ手郭・お庭などからなる内城部と、堀で区画された田村館、三の郭、南と北の外城部、万所内山などの出城部の外縁部で構成される。通称「館ノ山」は急峻な山の地形を生かし、北・東・西に展望が広がる天然の要害といえる。東側に広瀬川、西側に田代川が北流し、東麓には「勘左《かんざ》堰」があり、「勘左堀」が北流し、灌漑用水となっている。西側の樹枝状の谷には「館屋敷」などの地名が残る。

主郭には三ケ所の虎口があり、外桝形虎口、坂虎口となっている。Ⅱ郭、Ⅳ郭とは土塁・堀切で区画され、「お庭」には外桝形と思われる虎口がある。北側のⅡ郭には土塁・土橋で繋がり、桝形虎口、あるいは坂虎口が伴う。南側のⅣ郭の南・東・西の尾根は堀切・土塁で区画され、虎口も認められる。北側のⅢ郭は坂虎口、土塁が認められる。

土塁や桝形虎口などの技巧的な郭は、Ⅰ～Ⅲ郭などの主要部に限定され、平場は5期程度の改修が想定されている。「削平が甘く、段差の少ない小平場群」「切岸が厳しく、平場面は傾斜し、付帯する帯状平場との段差が少ない」「切岸が厳しく、平場面積が広がる」「坂虎口・枡形虎口が採用される」などの段階である。本城は広大な城域に、小規模な平場が万遍なく分布していることに特徴があり、主要な郭であるⅠ郭の主平場が一七五〇平方《メートル》、Ⅱ郭主平場六五〇平方《メートル》などと比較的大きい。

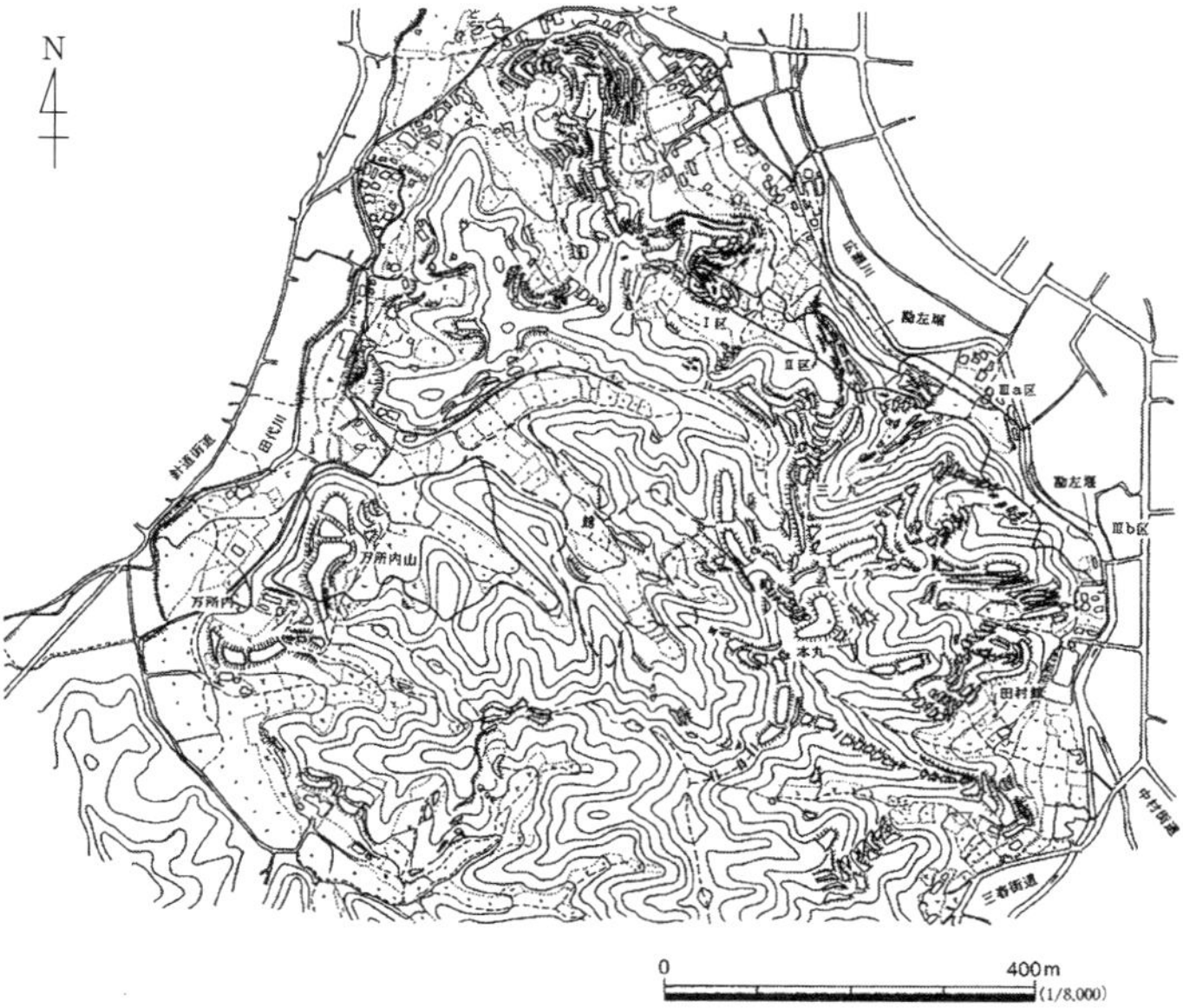

図30-1　河股城縄張図（高橋圭次他2002より）

発掘された河股城

国道一一四号川俣バイパス工事に関連した発掘調査が行われ、広大な山城の実像の一端が明らかにされた。山城北側の外縁丘陵部であるI区では、平場一〇面、コの字状平場一二面、掘立柱建物八棟、柱列九列、土坑一三基、溝七条、井戸一基、集石七基が、尾根上から北・東斜面に展開する。切岸の角度や高低差に違いがあり、三時期以上の変遷が推定されている。掘立柱建物跡は梁間一、二間の建物が多い。十六世紀前葉から中葉とされている（図30－1）。

谷あいの屋敷と職人

Ⅱa区丘陵部では、Ⅲ郭から北西に伸びる尾根の西側斜面に展開する、一三基の幅約二～一〇メートルの帯状の平場を検出している。Ⅱa区谷部の14～17号平場では寛永十四年（一六三七）の長雨で表土下約四メートルに埋没し、遺構は溝跡と作事物・植栽で区画された屋敷割で、掘立柱建物跡・井戸跡・柵跡・囲炉裏などが検出された。

十五世紀末から十七世紀初頭の陶磁器が出土するとともに、漆器椀・皿・鉢、櫛・板《いた》杓子《しゃくし》・甑《こしき》、曲物《まげもの》、下駄《げた》、杭・柱・建物の外周にある建具である蔀枠《しとみわく》、建築部材、土間に筵や藁を敷いた土座《どざ》など多量の木製品が出土している。ほかに、鉄鍋、碁石、鉄鏃、刀装具、刀鞘《かたなさや》などが出土している。また、出土遺物から金工、鼈甲《べっこう》職人、漆職人、木工職人などの存在が推定できる。なお、本来は熱帯のウミガメ甲羅の加工品である鼈甲は、本城では牛角《ぎゅうかく》の中空の部分である角鞘《かくしょう》部を剥ぎ取って作った、いわゆる「偽鼈甲」（鼈甲の代用品）であり、国内最古の事例である。北向きの谷あいの屋敷であるが、最先端の多様な職人がいたことは驚きであった。

山城に引き入れた街道と関所

このⅡa区北東側に隣接した谷部は、町道館ノ山線建設に伴い発掘調査が行われた。町道調査Ⅲ区では、平場三面、掘立柱建物四棟、柱列二列、土坑八基、溝七条、道三条などで、既述のように表土下約四メートルで遺構を検出している。出土遺物はかわらけ・瓷器陶器・瓦質土器・漆器・木製品などで、木製品には折敷《おしき》・桶《おけ》・下駄・鍬・砧《きぬた》などがある。

第8平場では、溝や土塁で区画された二〇～三〇メートルの方形の屋敷が検出され、屋敷の東と南に幅二・五～三・五メートルの道が確認され、街道と推定されている。この屋敷からは木札が出土し、「御免のた九つ」と判読でき、「許可を受けた荷駄九個」と解釈できる。山城に街道を引き入れ、物資の出入りを点検していたことが推測でき、屋敷は「関」の機能を果たしていた可能性がある。

戦国時代の大規模な山城の谷あいにおける、豊かな生活文化や多様な職人の存在、ある

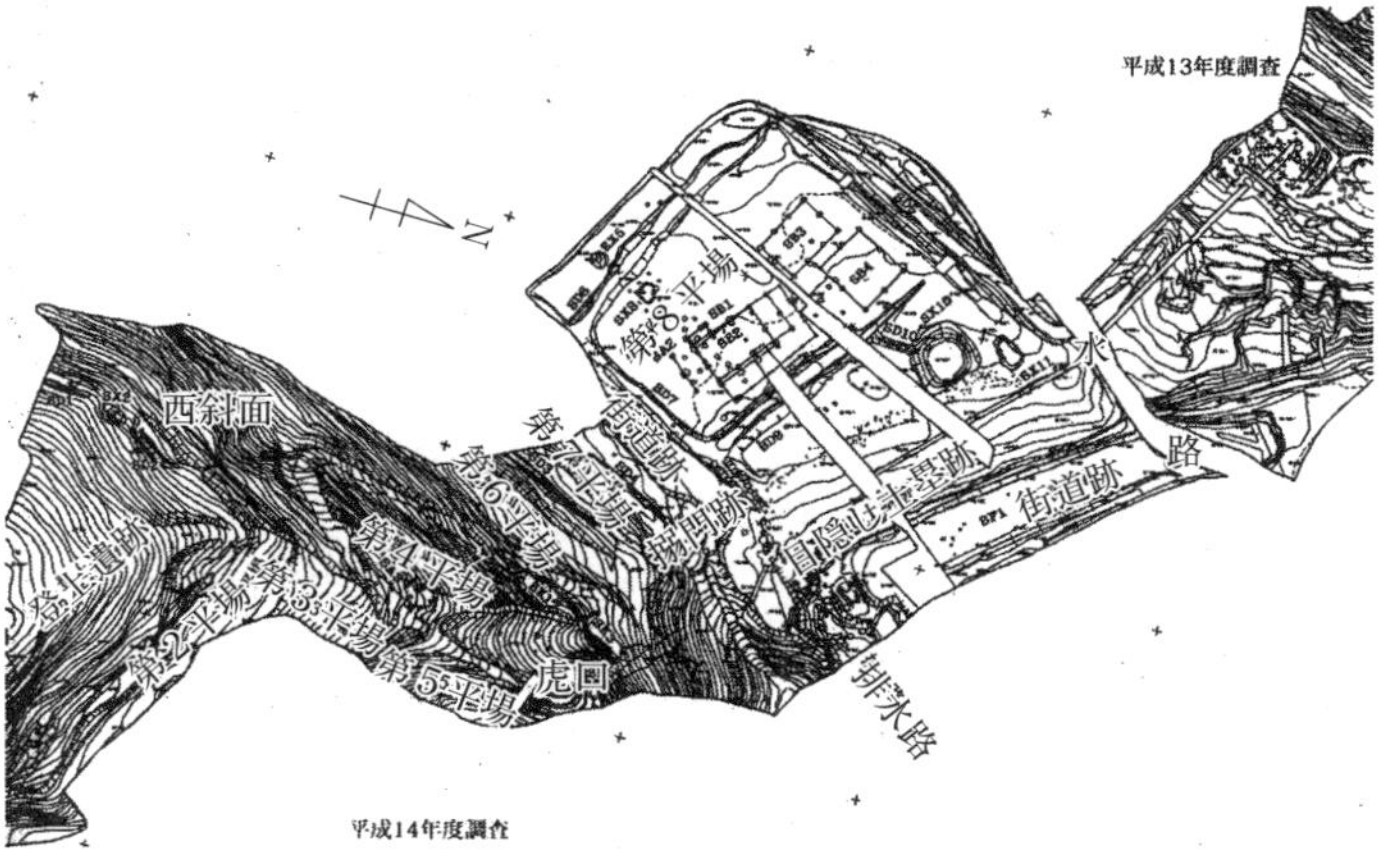

図30－2　河股城町道調査区Ⅲ区８号平場（飯村均2015より）

いは山城に引き入れた街道と「関」の機能などは注目でき、山城のイメージを一新する調査成果であった（図30－2）。

鎌倉・江戸時代の河股城

本城の北東麓、広瀬川の河岸段丘目面に立地するⅢb区のⅢa・b層からは十二世紀末から十四世紀初頭の輸入陶磁器・常滑・瓷器系陶器・かわらけがまとまって出土し、特に常滑の出土量と、突帯文広口壺《とったいもんひろくちつぼ》といった特殊な器種の出土が注目できる。河股城のある川俣町は平安時代末頃から「小手保《おでほ》」と言われ、源頼朝が興福寺に寄進した荘園として「小手保庄　陸奥国」が知られる。鎌倉時代の物流の拠点があったことが理解でき、流通の要衝にある小手保河股の重要性が改めて指摘できる。本城の前史を飾る調査成果である。

また、Ⅲb区では江戸時代の鋳造工房も検出でき、鋳造溶解炉・鋳型置場・梵鐘《ぼんしょう》鋳造土坑、フイゴ場などの遺構が確認されている。江戸神田の鋳物師・粉河《こかわ》松之助の出吹きと推定され、文政四〜十三年（一八二一〜一八三〇）の一〇年間に限られるとされている。城として機能していない時期であるが、江戸時代でも物流の要衝であったことが理解できる。

都市的な山城

山城は一辺一㌔を超え、大規模であるが、主郭部を除くと技巧的な構造ではない。しかし、急斜面から谷あいまで平場が造成され、隈なく使われている。そして、城内に街道を引き入れ、「関」を設け、谷あいに当時最先端の多様な職人を抱え込み、屋敷を設けている。まさに、山城全体が「都市的」と言っても過言ではなく、従来の山城の概念を覆すような山城である。

本拠の展開

十五世紀後半から十六世紀前葉の本拠は、伊達氏梁川遺跡群の伊達氏館という方形居館を核とした計画的な地割の屋敷・寺院群で形成され、守護館・守護所といった景観を形成している。しかし、天文元年（一五三二）頃に、伊達稙宗は本拠を桑折西山城という山城に移したとされ、天文十一年から七年間は、稙宗と嫡子晴宗が対立し、天文の乱となる。

桑折西山城は、会津の上杉期に改修されたが、「本丸・二の丸」と「中館・西館」という基本的な曲輪群の構成は、伊達期を継承していると考えている。桑折町教育委員会の井沼千秋が指摘するように、「本丸・二の丸」には七曲道・大手道など複数の登城道が、「中館・西館」にも化粧道など複数の登城道が推定され、曲輪群相互の連関性が低く、独立性の強い曲輪群を、並立的に配置している構造である（図31）。

築城主体である伊達氏の天文年間における権力構造を反映している。寺社は計画的な配置が見て取れるが、館の配置を見ると散在的で、阿武隈川の河岸段丘などに館が並んで分布し、前代からの館を踏襲している。計画的に集住させていないし、街道も積極的には取り込んではおらず既存の宿を尊重している。

その後、家督を継いだ晴宗は、天文十七年に米沢に本拠を移転させる。伊達氏の時代の米沢城については不明であるが、史料によると「御館」「本城」と「西館」で構成され、 やや離れて「東館」があり、「御館」には「御泉水」という池庭の存在が推定され、上杉氏の時代の米沢城とほぼ同位置とされている。立地や地形を考えると、おそらく平地の方形居館であった可能性が高いと考えられる。

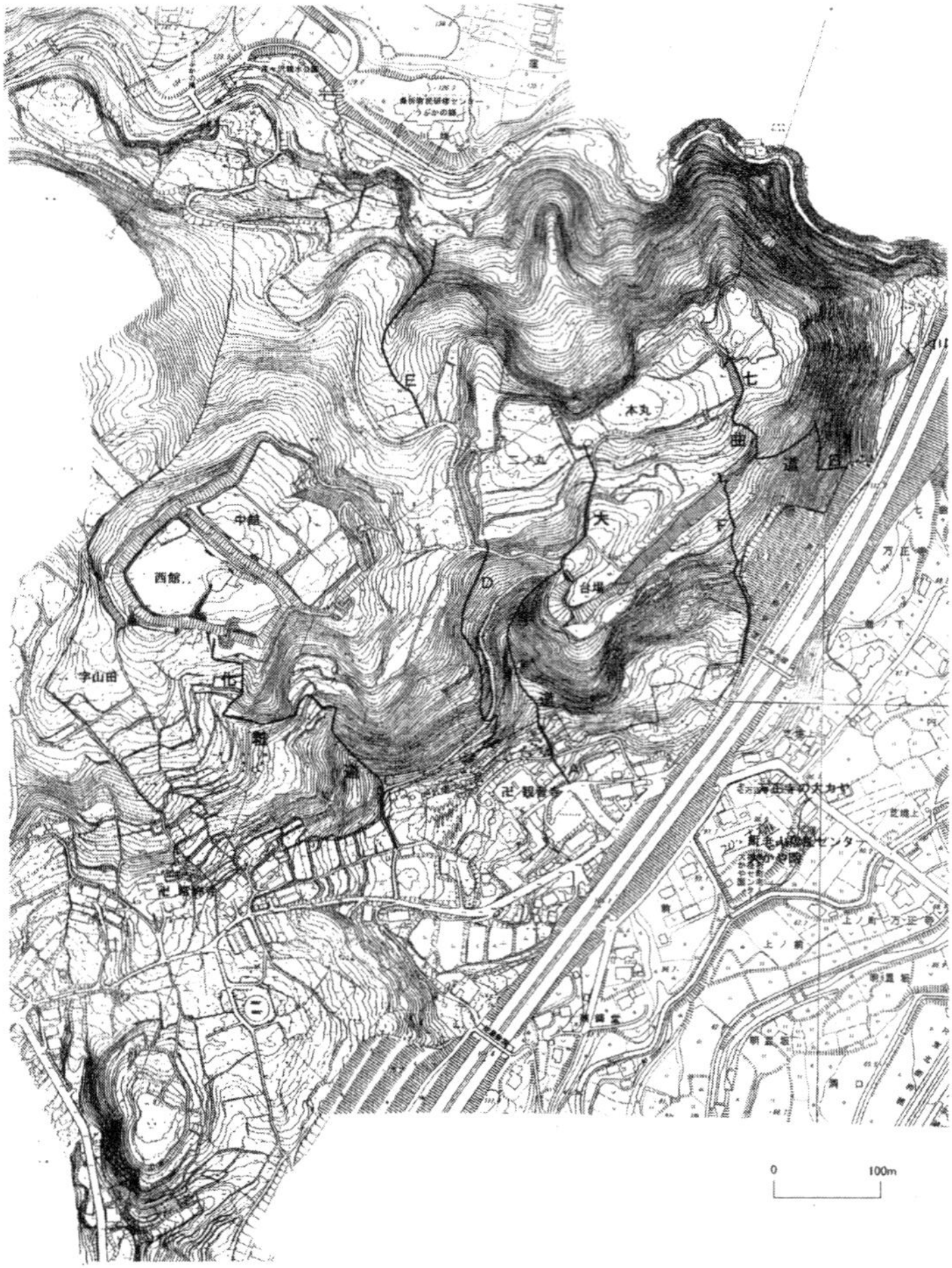

図31　桑折西山城地形図と登城道（井沼千秋他2016より）

米沢の本拠が不分明であることから、伊達氏の時期の館山城について紹介したが、館山城＝「要害」＋北館＋東館と館山平城＝「館山御館」＋「館山町」という構成で、並松土手を物構として、城下町を囲む構造が推定されている。米沢の中核ではないが、伊達氏の本拠を想像させる事例である。また、宮城県川崎町前川本城《まえかわもとしろ》は天正年間から慶長五年に境目だった城であり、伊達政宗の家臣であった金砂《かなさご》氏の居城である。この前川本城でも、本屋敷遺跡という堀に画された、十六世紀後半の一本街村的な城下集落が調査されており、やはり惣構を想起させる構造である。十六世紀後半では伊達氏の城館では中小の領主でもこうした城下町を有していたことが想定できる。

まだ、不確定な要素は多いが、やや大胆に伊達氏の本拠の変遷を述べたが、天文年間の桑折西山城への移転は、違和感がある。存続期間も短いせいもあるが、城下町の実態も不明であり、課題が多い。

なお、伊達氏関連の城館としては、本書冒頭で取り上げた木村館は戦略的な山城で、横堀ラインを防衛ラインとして、石積を多用して多くの平場を造成し、石積みの枡形虎口もある。かなり築城技術の発達した構造がわかり、戦国末期の伊達氏の築城技術を知ることができる好例である。一方、河股城は同じ十六世紀の山城であるが、多くの小さい平場で山城を埋めつくし、谷部に屋敷や街道を造成し、多くの商職人の存在が推定される。軍事的な要素は少ないが、山城全体に街道や町を抱え込んだ「都市的山城」と評価できるが、山城の構造としては在地型で、軍事性は低い。

蘆名氏の本拠

まぼろしの黒川館

三浦半島の三浦氏の一族である蘆名《あしな》氏は、奥州合戦の戦功により会津を与えられ、鎌倉時代中期以降に下向して、会津を支配したとされる。至徳元年（一三八四）に東黒川館（小高木館）を築いたとされ、『新編会津風土記《しんぺんあいづふどき》』には黒川東館には、蘆名父子が東西に分居したとされる。当初は、現在の会津若松城近辺に東館、その西側に西館があったようであるが、発掘調査では全く確認されていない。

天文七年（一五三八）『塔寺八幡宮長帳断簡《とうでらはちまんぐうながちょう》』に、「黒川之大焼」と呼ばれる大火があり、「御館」、家臣の屋敷や寺社が焼けたことがわかる。弘治年間（一五五五〜八）の大火では蔵屋敷が焼けており、館を核に家臣が集住し、寺社や蔵屋敷があり、商職人がいる町家も想定でき、城下町が整備されていたことが推定できる。しかし、会津若松城・城下町と重複しているとされる現状では、その形態・構造を知ることは全くできない。そこで、ここでは向羽黒山城の構造から蘆名氏の本拠を考えてみたい。

蘆名盛氏の本拠

福島県会津美里町向羽黒山《むかいはぐろやま》城は会津盆地の南端、阿賀川（大川）が東を流れる、白鳳三山の標高四〇八メートルの岩崎山《いわさきやま》（向羽黒山）、羽黒山に立地する山城である。東西一・四キロ、南北一・五キロに及ぶ広大な城域である。岩崎山の頂部に立つと、会津若松市市街地をはじめ、会津盆地が一望できる。この山城のある地域は江戸時代以来会津本郷焼の産地であり、岩崎山の西北傾斜面は陶器や赤瓦の原料が採掘され、東側の粗面岩は釉薬原料にもされた。白鳳三山は現在、大川羽鳥県立自然公園として保護され、白鳳山公園として親しまれている。

『会津旧事雑考《あいづきゅうじざつこう》』によると永禄四年（一五六一）蘆名盛氏《もりうじ》により築城された。天険の要害であり、関東に通じる下野道や大川を介して盆地北部へ通じ、水陸交通の要衝である。『新宮雑葉記』に永禄六年の熊野新葺替の棟札に「当時屋形盛氏」とあるが、翌七年の勝福寺鐘銘に「隠居盛氏」とあることから、永禄七年には盛氏が子息盛興《もりおき》に家督を譲って隠居したとされ、それは新城・向羽黒山城への移転が契機とされている。このころ雪村《せっそん》が会津に来住し、盛氏に絵を進上し、城内を飾ったとされる。

『新編会津風土記』に写されている「巌館銘《げんかんめい》」という漢詩文があり、河沼郡湯川村勝常寺の僧・覚成が永禄十一年に向羽黒山城の素晴らしさを称えて詠んでいる。それによると、「実城」「中城」「外構」の構造で、堀と土塁が何重にも巡り、門と垣根が斜面に並び立ち、櫛の歯を並べたようであると表現し、山の麓の「根小屋宿町」は軒を連ねる家の数が二〇〇〇余りと、山麓の町の様子も描写している。

隠居した盛氏は活発な軍事・外交活動を続け、北条・伊達氏との同盟、上杉・武田氏との友好を深め、佐竹義重への牽制を強めた。天正二年（一五七四）盛興が死去すると、二階堂盛隆《かいどうもりたか》を家督《かとく》にすえ、盛隆は黒川城に、盛氏が向羽黒山城にいたと考えられている。北条氏政が蘆名盛氏に宛てた天正六年頃とされる文書の宛所に「岩崎江」とある。天正八年正月白川義親宛書状からは、政治・軍事権を盛隆に譲り、外交権は盛氏にあったと考えられ、二頭政治あるいは「二館体制」ともいうべき状況であったことが指摘できる。

盛氏は天正八年六月に六〇歳の生涯を終え、盛隆も天正十二年に横死し、嗣子の葦名亀王丸も天正十四年に病死し、天正十五年、佐竹義重の次男義広が名跡を継いだ。その後、伊達政宗との軍事的緊張関係が極度に高まり、天正十七年の摺上原合戦で蘆名氏は没落する。

その後天正十八年の奥羽仕置で蒲生氏郷が会津に入部し、文禄四年（一五九五）に秀吉が若松・米沢・白河・田村・二本松・白石・津川の七城を除く会津領内の諸城の破却《はきやく》を命じた朱印状を発している。そして慶長三年（一五九八）上杉景勝が会津に入部するが、関ケ原合戦の前夜であり、そのために極度に軍事的緊張関係が高まった時期であり、向羽黒山城が軍事的な拠点として、この時期に大規模な改修がなされた可能性が高い。慶長五年の関ケ原合戦の終結により、すべての軍事的緊張関係が解消した。それにより、向羽黒山城の機能は停止したと考えられる。

向羽黒山城の構造

曲輪群は岩崎山山頂周辺の一曲輪群をはじめとして、二・西・北・三曲輪群などに、横堀《よこぼり》や竪堀《たてぼり》、土塁、竪土塁などで大きく区画されている。伝・盛氏屋敷とされる北曲輪の北には「上町」「くるみ坂」「十日町」などの地名が残り、西曲輪群西側には「太子堂」が現存し、「三日町上」「三日町」などの地名が残り、「常勝寺跡」が推定されている（図32－1）。

北東曲輪群東側は土塁と堀で区画され、北東曲輪群から西北曲輪群にかけて大規模な横堀と土塁で三曲輪群と区画され、さらに西曲輪群北側で西下段曲輪群と横堀で区画されて

図32-1　向羽黒山城地形図（梶原圭介2007より）

いる。西曲輪群西側は竪土塁で区画され、それに連続するように一曲輪群西側は竪土塁と複数の竪堀で区画され、全体として「総囲み」的な空間を創出している。

西曲輪群と西上段曲輪群は竪堀と竪土塁で区画され、西上段・二西曲輪群と二北曲輪群との間も竪土塁と竪堀で区画されている。二西・二東曲輪群と二曲輪群との間はそれぞれ石積みの桝形虎口で接続し、二曲輪群から一北曲輪群、さらに一東曲輪群へは複数の桝形虎口で接続している。一曲輪の東西に桝形虎口が推定できる西曲輪群と西下段曲輪群の間、二北曲輪群と北東曲輪群の間には石積みの内桝形の虎口がある。特に曲輪群間の登城経路に沿って、石積みの内桝形の虎口を作っている。

以上の「総囲み」的な空間の外側に、大規模な外桝形様の平場である西下段曲輪群や、やはり大規模な平場・堀が造成されている北曲輪があり、平場の造成が不鮮明な三曲輪がある。「総囲み」的空間の中は一・一北・二・二北・二東・西・西上段・北東曲輪群など、大きく五～八の曲輪群のまとまりがあることが理解でき、山城内の機能分担や家臣団編成との関係などとの関係を考える必要がある。

最頂部の一曲輪では、西側と東側で石積みの内桝形の虎口と、根石のある方形の柱穴群を確認している。二曲輪地区西側では蔵の可能性のある礎石建物を二棟検出し、中国産染付皿が出土し、十五世紀後半〜十六世紀前半に比定できる。二曲輪群と二北曲輪群の間では堀・土橋・内桝形の石積みの虎口を確認している。

西曲輪群では西下段曲輪との間に内桝形の石積みの虎口を検出し（図32−2）、虎口西側の曲輪縁に沿って石列の塀跡を確認した。この塀跡は西側竪土塁に接続して連続する。上段の平場で石積みの地下倉を検出した。石積みの積み手などを見ると、蘆名氏段階の石積みと考えられる。

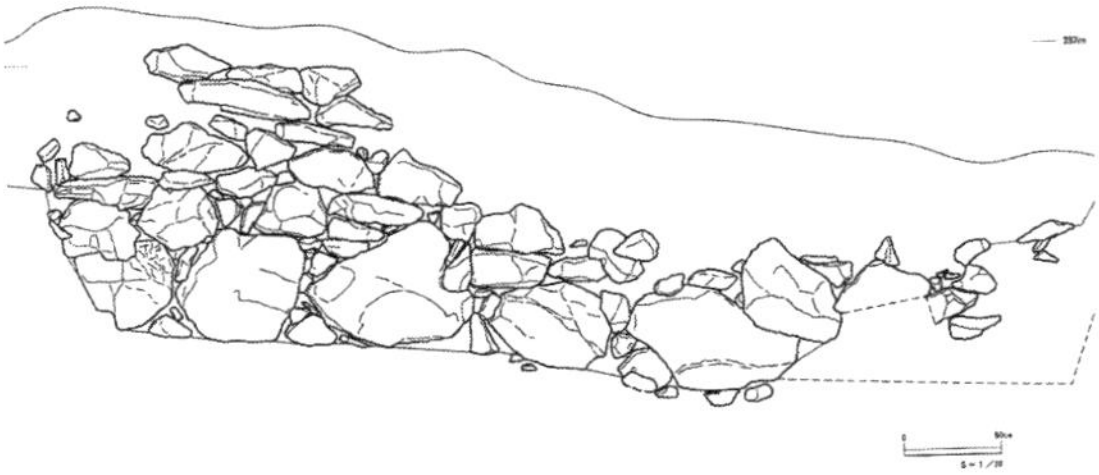

図32−2　向羽黒山城西曲輪地区虎口石積（梶原圭介2007より）

伝・盛氏屋敷とされる北曲輪は急激で大規模な造成で平場を構築し、未完成で放棄された可能性が高い。また、三曲輪でも目立った遺構・遺物がなく、平場が造成途中で放棄された印象で、石が多量に出土し、石積みに使われた可能性がある。いずれの曲輪も「総囲み」的空間の外側に位置し、大規模で急速な造成の途中で、未完成のまま放棄された印象であり、慶長五年の徳川家康が主導する会津出兵という高度に軍事的な緊張状態で、上杉氏による急激で大規模な改修が行われた結果と考えている。西下段曲輪も内桝形の虎口の外に、未完成の大規模な外桝形を造成しているように見え、やはり慶長五年頃の大改修の結果と考えている。

「三日町」では中世の遺構は確認できず、「十日町」では電気探査・地下レーダー探査・表面波探査で一部堀の可能性のある痕跡を確認している。「外構」の可能性も指摘されているが、会津藩の軍事演習である「追鳥狩《おいとりがり》」に関連する遺構の可能性がある。

「総囲み」的な空間の内部で検出された遺構は葦名氏段階の遺構で少なくとも二時期以上の変遷が推定され、前述の空間の外側は慶長五年以前の上杉氏の大改修が明らかになった。蒲生氏段階の改修は明確でないが、前述の空間の内側での改修の可能性は考えられる。

境目の城

蘆名氏の築城技術を考える上で重要な山城として、柏木城がある。福島県北塩原村柏木《かしわぎ》城は裏磐梯の大塩地区、米沢街道に面した標高約五〇〇《メートル》に位置する山城で、大塩集落との比高差は約一一〇《メートル》となる。城域はほぼ四〇〇《メートル》四方の規模で、小規模ではあるが石積みを多用し、築城技術を駆使した山城である。「大手」と考えられる「連続虎口＋虎口１」は特徴的で、大規模な内桝形の堀込式虎口で壁面に石積みが貼り付けられ、櫓門が推定できる。「搦手」と考えられる虎口１は内桝形の虎口で比較的大きな石を使った石積みを伴うが、虎口１に比較すると規模は小さい。

虎口1は向羽黒山城西曲輪群にある内枡形虎口に類似する。

帯曲輪1の南通路の外土塁と石積みは特徴的で、塀などの施設が推定できる。曲輪1では掘立柱建物や石積みの区画施設、囲炉裏などを確認し、中国磁器、瀬戸・美濃、越前などの陶磁器が出土し、生活感が豊かである。帯曲輪1の塀の構造は、やはり向羽黒山城西曲輪群の事例に類似する。

堀切1北側に半円形の土塁と堀による馬出があり、これもやはり向羽黒山城1東曲輪群に例がある。竪堀1には竪土塁が附随し、さらに曲輪4、竪堀2と石塁、堀切4が一体となって、北側の外郭線を構成している。土塁は喰い違いになり、山道が通過する。街道を城内に引き込んで、関所機能を果たしていた可能性があり、曲輪5付近で人と物資の出入りの点検がなされた可能性がある。既述の河股城に「関」の事例がある（図33－1）。

柏木城跡は黒川（会津若松）と米沢を結ぶ街道に面した、伊達氏と蘆名氏の境目の城で、天正十二～十七年に存続した山城であり、磨上原《すりあげはら》の戦いを下限とする。一時期、街道は城内に取り込まれ、「関所的な機能」を果たしたことが指摘されている。内桝形の虎口や掘り込み虎口にはすべて石積が確認でき、曲輪や土塁・切岸にも、石積が確認できる。小規模ではあるが、高度に軍事化した総石積の山城であり、葦名氏の築城技術の到達点を見る

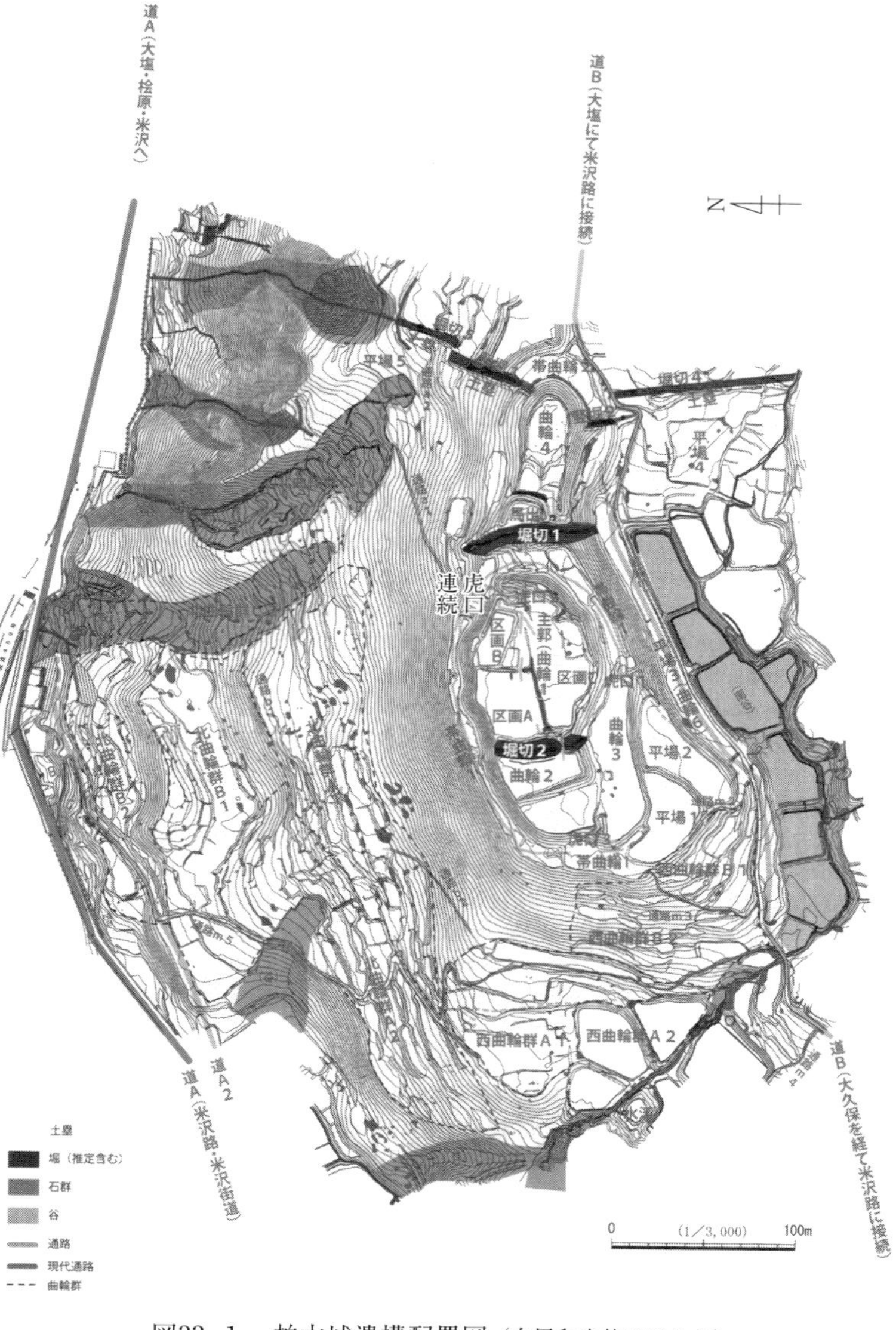

図33-1　柏木城遺構配置図（布尾和史他2020より）

ことができる。

蘆名氏の山城

会津地方では、十五世紀後半には城館の主要建物は礎石建物であり、向羽黒山も一・二曲輪群は礎石建物で構成され、石積みが多用される。虎口は内枡形虎口のほか、曲輪を掘り込んだ掘入式の内枡形の虎口もあり、いずれも石積みが伴う。堀・土塁、曲輪法面や縁辺には石積みが高石垣様に貼り付けられ、登城ルートとなる道や曲輪にも石積みが多用され、荘厳されている。磨上原の戦いを下限とする柏木城は、総石積みの山城である。まさに、蘆名氏の築城技術の到達点である。

向羽黒山城の横堀、土塁、竪堀、竪土塁で囲繞された、総囲み空間の内部は、曲輪群ごとに機能分担が推定され、二曲輪周辺の曲輪群は、「主郭の空間」であり、一曲輪群は「物見・詰めの空間」であり、西曲輪群は「屋敷群の空間」などと推定される。一族・家臣などを山上に抱え込んだ山城で、谷あい寺院や町屋が想定されている。この総囲み空間にある外側の巨大な外枡形様の遺構などは、徳川家康の会津出兵の前後に改修された遺構であり、構築途中で放棄されたと考えている。

列島の中の奥羽の城館——エピローグ

奥羽仕置

米沢を本拠としていた伊達政宗は、天正十七年（一五八九）六月に磨上原《すりあげはら》で蘆名《あしな》氏に勝利し、黒川（会津若松市）に駐留した。天正十七年末頃には南奥羽の諸氏を服属させた。しかし、天正十八年の小田原攻めで奥羽の諸氏は参着と出仕が求められた。小田原攻め後に、豊臣秀吉は陸奥会津まで下向し、奥羽仕置を行った。白川・田村・石川は改易され、伊達氏は減封されて奥羽一三郡の所領とされ、会津四郡・安積郡・岩瀬郡は蒲生氏郷に宛て行われた。この奥羽に強行された豊臣体制の推進に伴い、奥羽に豊臣大名が入部し、城館についても画期となっている。

豊臣大名と織豊系城郭化

会津に入った蒲生氏郷は九二万石の大大名となり、蘆名氏の黒川城を大改修して、天守・石垣・金箔瓦《きんぱくがわら》・桐文瓦《きりもんがわら》を持つ織豊系城郭とした。文禄元年（一五九二）には黒川を若松に改め、翌年に天守が完成した。会津若松城の発掘調査では、この時期の石垣も確認されている。領内には、郡単位で一五程度の支城を整備し、城代を置いた。宮城県白石城・福島県伊達市梁川《やながわ》城・二本松城・二本松市小浜《おばま》城・三春《みはる》城・郡山市守山《もりやま》城・猪苗代《いなわしろ》城・南会津町鴫山《しぎやま》城・山形県上山市中山城にはこの時期と思われる石垣が遺存している。

大改修された支城・守山城

福島県郡山市田村町にある守山城は、谷田《やた》川東岸の河岸段丘面に立地している。中世田村荘の荘域にあり、南北朝にはその中心であり、戦国期は三春田村氏・伊達政宗の城と考えられている。既述のように奥羽仕置以降に蒲生氏の支城となり、織豊系城郭に大改修されている。その後も、上杉氏および再封された蒲生氏も支城とされている。

縄張図によると、Ⅰが本丸、Ⅱが二の丸、Ⅲが三の丸とされ、Ⅳの出丸とⅤの城下で構成される。本丸・二の丸は城主・城代の空間、三の丸は上層家臣の空間、城下は下層家臣や町人層の空間とされている（図34）。

二の丸・三の丸・内堀が発掘調査され、二の丸では五面の遺構面と、礎石建物六棟、溝一六条、土坑二五基、カマド状遺構・石組・石列などを検出した。第5遺構面は天正十六～十九年の伊達政宗の時期、第4遺構面が天正十九年の奥羽再仕置による蒲生氏の時期であり、織豊系城郭に大改修された時期である。第3・2遺構面が慶長三～五年（一五九八～一六〇〇）の上杉氏の時期で、第1遺構面が慶長六年の再封された蒲生氏の時期であり、城下の建設はこの時期とされている。第4遺構面では、石組溝・礎石が確認され、その主軸方向が内堀の東面石垣と一致するので、石垣の構築時期とされている。この時期に、初めて本格的な石垣が構築されているが、大手の通路に向かって作られていることから、見せる石垣だとされている。蒲生氏による大改修の一端を知ることができる（図35）。

出土遺物は土器・陶磁器が二〇一三点で、ほかに鉄製品・銅製品・石製品・銭貨・土壁（上杉期）などである。土器・陶磁器には中国陶磁器、瀬戸・美濃、備前、信楽、常滑、かわらけ、瓦質焙烙《ほうろく》・鉢・風炉《ふろ》・火鉢などがあり、かわらけ四六％、中国染付二〇％、瀬戸・美濃が七％などの出土比率となる。奥羽では備前などの出土例も少なく、豊臣大名の入部と関係が想定される。さらに、中国産の刻画文白磁水注《すいちゅう》や青磁盤、刻画文青磁鉢や、三彩法花瓶《さんさいほうかびん》などは優品であり、希少な出土例である。これもまた、豊臣大名の支城であったことを象徴している。

守山城などの支城の発掘調査では、瓦は出土がなく、守山城では蔵と思われる礎石建物が発見されているが、壁土の出土が少なく、築地塀の痕跡もない。このことから、蒲生氏

図34　守山城縄張図（垣内和孝2004より）

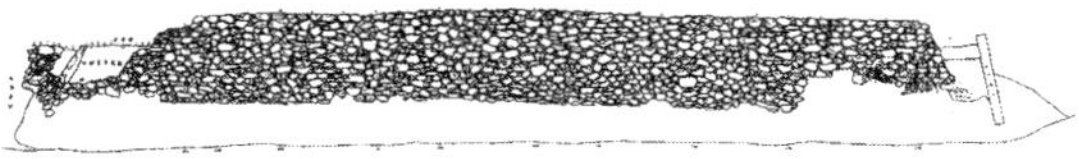

図35　守山城内堀石垣（垣内和孝2004より）

郷の支城では石垣は築かれるが、板葺・板壁の建物が多いことが推測されている。三春町歴史民俗資料館の平田禎文によると、織豊系城郭の特徴である「石垣・瓦・礎石建物（天守）」という構成要素は、本城である黒川城では充足されるが、支城では石垣や櫓《やぐら》はあっても、瓦・漆喰壁は用いられなかった可能性があると指摘し、軍事面での費用対効果や大名居城と家臣居城の差別化を図ったとされている。

神指城と関ケ原合戦

慶長三年、上杉景勝が会津に移封され、陸奥・出羽・佐渡で一二〇万石を領地とした。豊臣秀吉死後の慶長五年二月には、若松城に替わる本城として、新城下町構想を前提に、神指《こうざし》城の築城が開始された。六月には徳川家康の会津出兵があり、七月には石田三成の挙兵により、家康は会津攻撃を中止して西上し、九月に関ケ原合戦に勝利する。慶長六年には景勝は米沢三〇万石に減封された。

地籍図や発掘調査の成果を分析した本間宏によると、神指城は「回」字状の輪郭式平城で構想され、内郭が本丸、外郭が二の丸と称されたことが推定されている。本丸は東西二〇〇メートル、南北二三五メートルの方形で、二の丸は東西五九〇メートル、南北六九〇メートルの方形で、城域の面積は約五〇ヘクタールとなる。この「回」字形の縄張は、規模は異なるが上杉期の米沢城にも共通する。

図36　神指城地積復元図（福島県文化振興事業団2011より）

本丸は北辺と東辺の堀・石垣・土塁《どるい》が確認され、堀幅は約五七メートルあるが、深さは一・三～一・六メートルと浅い。石垣は北東隅にあり、基底部の一・二段が残っている。本丸と二の丸を結ぶ土橋が、上幅三二メートルで掘り残されている。二の丸の四隅の土塁が残るが、基底幅二三～三〇メートル、高さ六～七メートルを測る。二の丸には幅約四四メートルで、石垣がない。堀の深さも不十分で、土塁も未完成である。本丸・二の丸とも、作事の痕跡は確認できず、普請の途中で放棄された状況が確認できる（図36）。

上杉氏の城館整備

景勝は領国の整備を進め、「上杉景勝書状」には「仙道城々普請」の記述がある。具体的に「仙道」の城の発掘調査成果を見ると、既述の梁川城や桑折《こおり》西山城、福島市上岡《かみおか》・宮代《みやしろ》館などは、この時期の大改修が推定され、改修途中で放棄されたと思われる事例もある。

会津では既述の向《むかい》羽《は》黒山《ぐろやま》城や南会津町久川《ひさかわ》城などがある。久川城は本丸の東西の郭が未完成で、通路や虎口も不明瞭である。梁川城跡では既述のように北三の丸東側が、造成途中で放棄された印象である。桑折西山城では中館・西館およびその枡形《ますがた》虎口《こぐち》が築城途中で放棄された可能性が否定できない。上岡館や宮代館は幅一〇《メートル》を超えるような堀や大規模な土塁が確認でき、中世以来の館を改修したと考えている。慶長五年の戦時体制下で国境に近い城が大改修され、戦時体制の終結とともに放棄された結果である。

佐竹義宣の陣

福島県棚倉町赤館では、鹿《かの》子《こ》山《やま》地区と上台《うわだい》地区で長大な堀と土塁が確認され、上台地区では発掘調査で二重の堀が検出されている。中世城郭研究会の佐伯正廣は縄張と文献史料から、慶長五年七月の佐竹義宣《よしのぶ》が会津出兵の仙道口を分担し、義宣自らが一ケ月在陣し、その後、佐竹義広が関ケ原合戦時の九月まで在陣してい

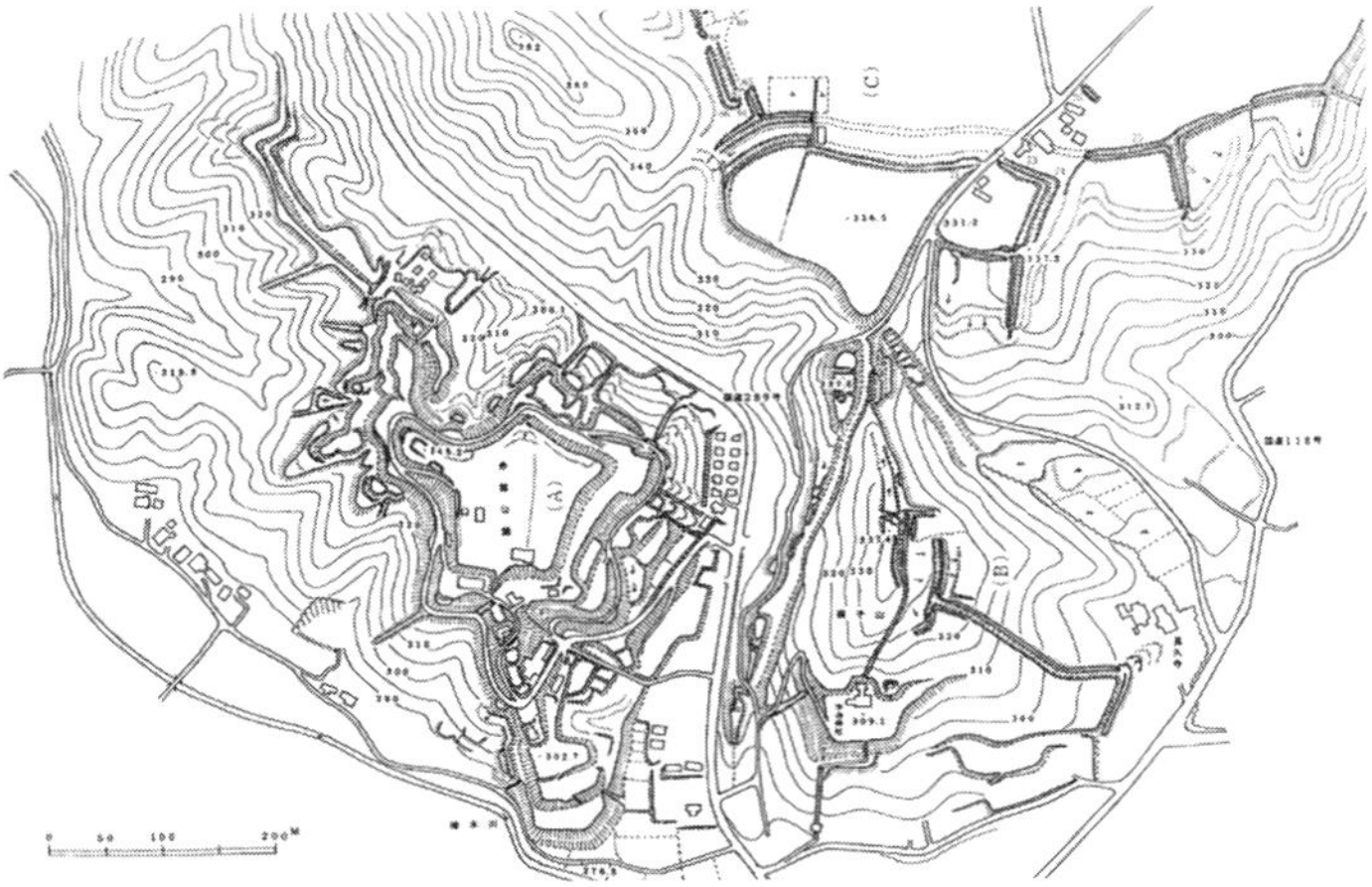

図37-1　赤館縄張図（井上國雄他2001より）

図37-2　赤館上台地区（井上國雄他2001より）

た史料があることや、鹿子山地区の石川街道の取り込み、あるいは上台地区での二重堀の存在から、慶長五年の佐竹の陣の可能性を指摘している（図37－1・2）。会津出兵に関わる大名の陣の遺構として、注目できる。

関ケ原合戦後、家康主導の豊臣政権は、上杉領の解体と佐竹義宣の移封を行う。上杉景勝は米沢三〇万石に減封され、会津は蒲生秀行が入り、伊達政宗には刈田郡のみが与えられた。さらに、岩城氏が改易となり、徳川家譜代の鳥居元忠が入り、佐竹義宣が出羽へ転封となった。そして、慶長八年家康が征夷大将軍となり、徳川幕藩体制が成立する。以上のように、奥羽の中世城館は、奥羽仕置と関ケ原合戦での会津出兵という二つの大きな外圧を経て、急速に近世城郭化の道を辿ったといえる。

遺跡が語る城館の歴史

陸奥南部を中心に城館の歴史を、考古学的な調査の成果からみてきた。中世城館の系譜は、十一世紀の前九年《ぜんくねん》・後三年《ごさんねん》合戦に関わる安倍氏・清原氏の柵跡に求めることができ、さらにその系譜は、胆沢城や払田柵などの古代城柵に求めることができる。

一方、古代城柵である秋田城の北で、秋田県米代川《よねしろ》流域から青森県津軽の地域では、十世紀後半から十一世紀の環濠や土塁・柵跡で不整形に区画された遺跡が発見されており、秋田市虚空蔵大台滝《こくぞうおおだいたき》遺跡や能代市大舘、あるいは津軽の青森市高屋敷館遺跡など多数あり、北奥羽のこうした遺跡も城館の一つの系譜になりうる。

平泉藤原氏は、柳之御所遺跡に代表されるように、二重の堀で不整形に区画された館が成立する。一方、会津でも二重の土塁と堀で不整形に区画された陣が峯城が成立し、摂関家領蜷川《にながわ》荘に位置することや、越後城氏との関係が指摘され、十二世紀の館の一形態として確認できる。また、陸奥では円形の二重の堀に区画された館で、平泉セットというべき手づくねかわらけ・陶磁器のセットが出土し、西方の丘陵上に経塚が伴う事例があり、十二世紀後葉であるが、平泉藤原氏が直轄するような家臣を派遣した館と考えることができる。

奥州合戦の決戦の舞台である阿津賀志山《あつかしやま》防塁は、二重の堀と土塁で構成される長大な防塁があり、文治五年における平泉藤原氏の直轄領あるいは、境界意識を示していると指摘した。

こうした、古代から系譜を引く不整形の城館の形態は、前九年・後三年合戦を経て発展し、奥羽の覇者となった平泉藤原氏により一つの完成形態を見ることができる。それは、「平泉型」とも称すべき城館であり、強い独自性を持っており、当該期の列島の城館としても異彩を放っている。

鎌倉時代になると、平泉藤原氏の旧領である奥羽に、鎌倉武士が広範に補任される。すると、方半町程度の規模の方形の平地居館が成立し、交通の要衝に、これを核とする支配拠点を形成するようになる。堀は深さ一《メートル》前後と浅く、低い土塁が伴う可能性が高い。主殿は中門廊を伴う寝殿造系で、厩《うまや》などが伴う。出土遺物も都市・鎌倉特有のものがある。列島の中では、こうした方形居館が普遍的となり、奥羽もその中に位置付けられる。

南北時代の動乱では、畿内の笠置山や吉野山のように山岳寺院を転用したり、あるいは千早・赤坂城のように高地に切岸《きりぎし》や堀切を主たる防御施設とする山城が成立する。その要因は当然、戦乱に対応したものである。陸奥でも既述のように、霊山城や宇津峰城などがあり、基本的には畿内と同じような城館といえる。一方で、小高城のような方形居館もあり、鎌倉時代以来の系譜を引いている。

室町時代になっても、南奥では小山の乱や小山若犬丸の乱、あるいは田村庄司の乱など、不安定な政情が継続し、居館型山城というべき山城が十四世紀後半には成立する。それは、平地居館を山上に構築した形態で、切岸や横堀・堀切などを主たる防御施設としている。居館型山城には寺社と思われるものや、並立的な曲輪《くるわ》を複数持つことがあり、齋藤慎一のいう「群郭式」城郭もある。いわゆる「根小屋＋詰めの城」というような機能分担した山城ではなく、平地居館を山に築いたような山城であり、陸奥ではかなり普遍的な山城である。特徴的ではあるが、列島中には各地に類似する山城があると考えている。

一方で、方一町以下の本格的な土塁と堀で方形に区画し、複郭となる外郭を伴う平地居館が、地域支配の拠点として十五世紀には普遍的に成立してくる。鎌倉時代以来の方形居館の発展形態と考えることができる。特に、陸奥南部では篠川《ささがわ》・稲村《いなむら》御所という鎌倉府の出先機関が置かれ、方一町を超える規模の方形の館で、多量のかわらけが出土している。周囲にも関連する館や街道の存在も推定され、「御所」として、地域拠点を形成している。

戦国時代になると、伊達氏本拠である梁川には、方一町を超える方形の伊達氏館を核として、街区に寺院や武家屋敷が分布する、磁北を意識した遺跡群であり、北と南を画する宗教施設がある。守護所や守護町を彷彿とさせるが、戦国大名の本拠としてふさわしい。その後の本拠である桑折西山や米沢に、戦国大名の本拠としての構造を明確に確認できないが、その片鱗は見てとることができる。

北奥にある戦国大名南部氏のうち、本家ともされる三戸南部氏の本拠は、十五世紀～十六世紀前半の方形館を志向した聖寿寺《しょうじゅじ》館を核としている。聖寿寺館は馬淵《まべち》川左岸の台地

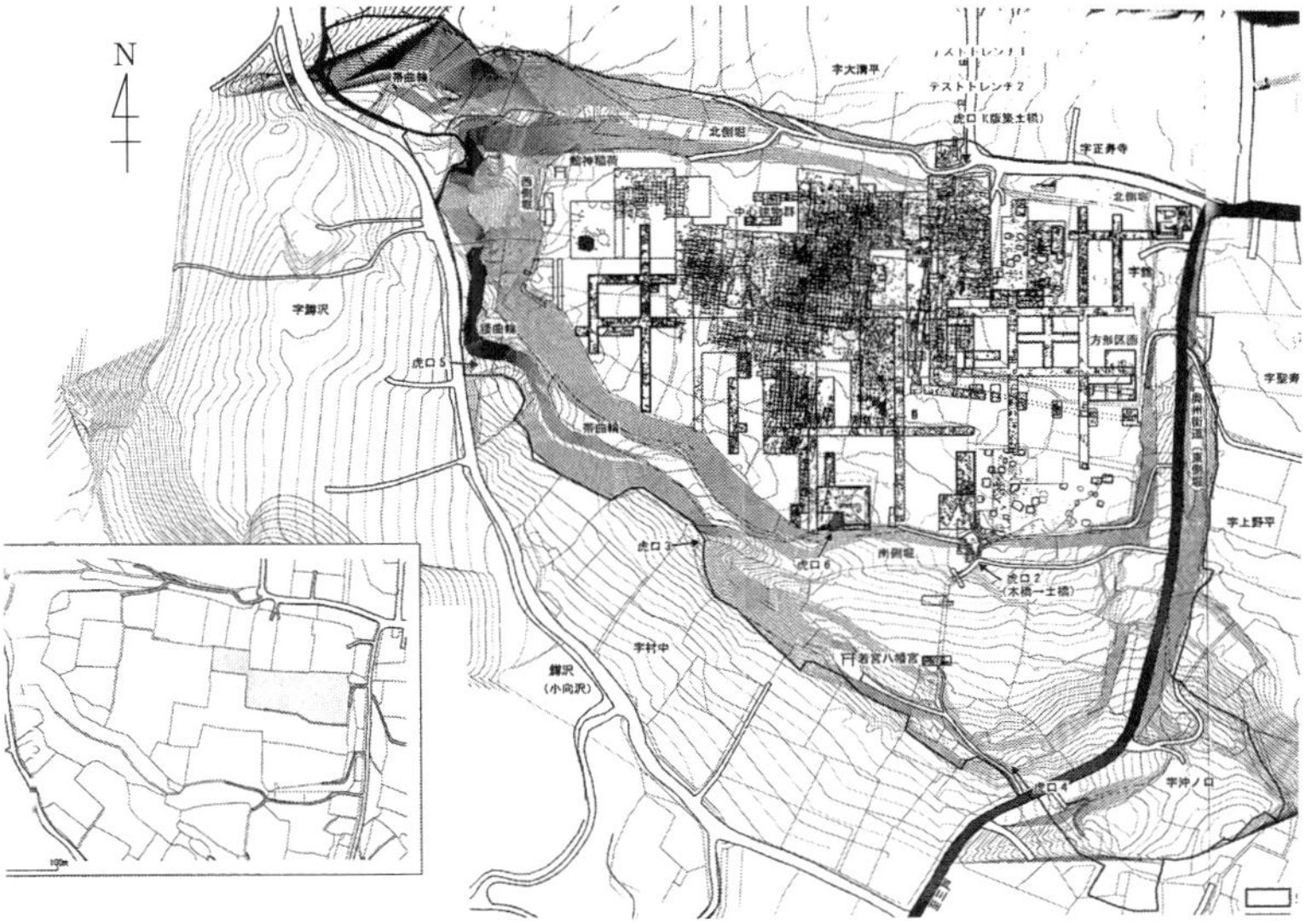

図38　聖寿寺館遺構配置図（布施和洋2004より）

上に立地し、奥州街道、八戸・鹿角《かづの》街道が交差する交通の要衝に立地している。東西二〇〇〜三〇〇メートル、南北二五〇メートルの規模で、四周を直線的な堀で囲われ、二町を超える規模の方形館を志向している。大型の掘立柱建物や威信財とされる高級貿易陶磁器も出土している。池庭などはまだ確認されていないが、「方形区画」と呼ばれる遺構の希薄な空間が、儀礼空間の可能性が指摘される（図38）。

既述の伊達氏館よりも大規模であるが、主要建物は南部氏関連城館とも類似性があり、池庭がないなど共通性は多くない。聖寿寺館は天文八年（一五三九）の火災で焼失後、馬淵川を挟んだ南側の標高一三〇メートルの独立丘陵に立地する山城である三戸城に移転する。天文年間に方形館から山城に本拠を移転するという意味では、伊達氏と共通する。

　蘆名氏の本拠である黒川館が不明なので、参考に蘆名盛氏の居城を紹介したが、山中に居館や蔵・屋敷群、寺院・町屋が推定され、竪堀、竪土塁、横堀、土塁で外郭施設を持つ、総囲み的な構造で、石積みの枡形虎口がある。柏木城例を参照しても、石積みを多用した山城と考えられ、蘆名氏の本拠と考えている。こうした総石積み的な山城は、高度に軍事的に緊張した状態において、地域の中で発達した技術で成立したと考えており、天正十七年の磨上原合戦を画期として発達したと考えている。戦国大名蘆名氏の築城技術の到達点を知ることができる。

　そして、天正十八年の奥羽仕置による豊臣大名の入部や、慶長五年の関ケ原合戦とその戦後処理で行われた、豊臣政権という統一権力による二段階の大名の改易・再配置により、織豊系の築城技術を多様に受容しながら、近世城郭へと向かっていくこととなる。奥羽では、幕藩体制が安定するまで、慶長・元和・寛永期の築城が多くなり、近世城郭化が一層、推進される。

あとがき

本書は遺跡である城館で、考古学的に実証された事例から、通史を語れるかという試みである。その成否は読者諸賢に委ねたいと思う。本書の下敷きとなったのは、室野秀文氏とともに編んだ『東北の名城を歩く　南東北編・北東北編』の正編と続編の四冊であり、併せてご一読いただければ、より理解が深まると考えている。

最近、城館に関する講演や原稿などの依頼を受けることが多い。私はその都度、「お城が好きなのではなく、遺跡が好きなのです」と申し上げる。よくご理解はいただけないようで、不審そうなまなざしと、苦笑を受けることが多い。本書でも書かせていただいたが、私にとっては、城館は数ある遺跡の一つなので、やはり考古学の方法で研究すべきと考えている。もちろん、たとえば縄張研究などは、一部しか調査できないことが多い発掘調査を補う、重要な方法である。したがって、独立した学問分野あるいは方法論として、発展することを願っている。

記憶は定かでないが、「バッチ（末子）」であった私は、晩酌する父の膝の上で、家の由緒や、日中戦争の従軍やシベリア抑留で生死をさまよった話を、繰り返し聞かされた。それが、歴史に興味を持った最初であったように思う。そして、大河ドラマや歴史小説が好きで、歴史の授業を楽しみにしているような、ちょっと変な少年だった。

大学では「法学部政治学科」に在籍しながら、「輔仁会《ほじんかい》史学部」というサークルに所属し、発掘調査（だけ）を学んだ。鎌倉、青森県尻八館、東京都石神井城、新潟県村松城、横浜市奈良地区遺跡群など、中世遺跡——城館——の調査ばかりに参加し、就職してからも、本書で取り上げた城館の調査などにも関わってきた。結局、これまで多くの城館の調査に関わり、現在も城館の調査、史跡指定・整備に関わっている。その意味では、本書の執筆は必然的な帰結だったのかもしれない。

本書執筆の依頼をいただいて、すでに五年の歳月が流れてしまった。根気よくお待ちいただいた、編集担当の永田伸次長には、お詫びと感謝を申し上げたい。私事であるが、この間、二度の福島県沖地震での被災や、職場の異動、定年退職という人生の節目もあり、日ごろの怠慢も相まって、遅れ遅れとなってしまった。御多分に漏れない言い訳ではあるが、お許しいただきたい。併せて、挿図の多く煩雑な編集をしていただいた、志摩こずえさんにも感謝申し上げたい。

末筆となるが、日ごろから、研究会や発掘現場で、多くの研究者や自治体の文化財担当あるいは、調査担当の方々にお世話になっている。そうした方々の御教示や意見交換なしに、本書は成しえなかった。遺漏を恐れてご芳名は挙げないが、厚く感謝申し上げたい。

二〇二四年初秋　リフォーム中の福島市の自宅にて

飯村　均

参考文献

浅利英克・島田祐悦著、樋口知志監『安倍・清原氏の巨大城柵』吉川弘文館　二〇二二
飯村均他『東北横断自動車道遺跡調査報告二八　猪久保城』福島県教育委員会・(財)福島県文化センター　一九九四
飯村均『中世奥羽のムラとマチ　考古学が描く列島史』東京大学出版会　二〇〇九
飯村均『中世奥羽の考古学』高志書院　二〇一五
飯村均・室野秀文他『東北の名城を歩く　北東北編』吉川弘文館　二〇一七
飯村均・室野秀文他『東北の名城を歩く　南東北編』吉川弘文館　二〇一七
飯村均・室野秀文他『続・東北の名城を歩く　南東北編』吉川弘文館　二〇二一
井上國雄他『赤館跡―上台地区―』福島県棚倉町教育員会　二〇〇一
五十嵐一治『秋田県重要遺跡調査報告書Ⅱ―檜山安東氏城館跡（大舘跡）調査―』秋田県教育委員会　二〇一一
井沼千秋他『史跡桑折西山城跡発掘調査総括報告書』桑折町教育委員会　二〇一六
江田郁夫・柳原敏昭編『奥大道　中世の関東と陸奥を結んだ道』高志書院　二〇二一
仙台市史編さん委員会編『仙台市史　通史篇２　古代中世』仙台市　二〇〇〇
小野正敏他『図解・日本の中世遺跡』東京大学出版会　二〇〇一

小川淳一・日下和寿『白石市大畑遺跡1』白石市教育委員会　二〇一七
小川淳一・高橋綾子『仙台市王ノ壇遺跡』仙台市教育委員会　二〇〇〇
利部修『虚空蔵大台滝遺跡』秋田県教育委員会　二〇〇七
管野和博・渡辺哲也・細川剛史『稲村御所館跡・徳玄遺跡』福島県須賀川市教育委員会　二〇一六
垣内和孝他『守山城跡—第2・3・4次調査—』福島県郡山市教育委員会・（財）郡山市埋蔵文化財発掘踏査事業団　二〇〇四
垣内和孝『篠川館跡—試掘調査報告—』福島県郡山市教育委員会　二〇〇六
垣内和孝『室町期南奥の政治秩序と抗争』岩田書院　二〇〇六
垣内和孝『中世城館と南奥戦国史』東京堂出版　二〇二四
梶原圭介『向羽黒山城跡Ⅴ—平成十八年度範囲確認調査報告書—』福島県大沼郡会津美里町教育委員会　二〇〇七
木本元治他『阿津賀志山防塁史跡指定調査報告書』福島県伊達郡国見町教育委員会　二〇一五
工藤清泰「KURUWAと遺構の変遷—特に北日本の発掘調査事例から—」『第六回全国城郭研究者セミナー発表資料』全国城郭研究者セミナー　一九八九
浪岡町史編纂委員会編纂他『浪岡町史　第二巻』浪岡町　二〇〇四
黒嶋敏「奥羽から見た越後応永の乱　伊達氏の侵入とその背景」『国立歴史民俗博物館研究報告　第二四五集』国立歴史民俗博物館　二〇二四
小林清治他『向羽黒山城跡保存管理計画書』会津本郷町教育委員会　一九九五

今野賀章他『宮脇遺跡確認調査報告書』伊達市教育委員会　二〇一三
今野賀章他『梁川城跡総合調査報告書』伊達市教育委員会　二〇一八
今野賀章他『堂庭遺跡・岩地蔵遺跡総合調査報告書』伊達市教育委員会　二〇二二
佐藤俊「東北地方南部地域における珠洲系・越前陶器」『日日是好日』北野先生還暦記念事業実行委員会　二〇一九
佐藤公保他『館山城跡発掘調査報告書』米沢市教育委員会　二〇一五
鈴木啓他『遺跡　梁川城跡・庭園　発掘調査・復元整備報告書』福島県伊達郡梁川町教育委員会　一九八六
鈴木啓他『茶臼山北遺跡・梁川城下侍屋敷跡』福島県伊達郡梁川町教育委員会　二〇〇五
高橋圭次他『河股城跡発掘調査報告書―国道１１４号川俣バイパス工事関連発掘調査―』福島県伊達郡川俣町教育委員会　二〇〇二
高橋博志他『荒井猫田遺跡（Ⅲ・Ⅳ・Ⅴ区）―第１次～第６次発掘調査報告―』　一九九八
高橋充編『東北の中世史５　東北近世の胎動』吉川弘文館　二〇一六
竹井英文・齋藤慎一・中井均編『東北中世の城』高志書院　二〇二四
中田書矢「中世奥羽におけるかわらけの意味」『中世奥羽の土器・陶磁器』高志書院　二〇〇三
中村五郎「『藍津之城』考―蜷河荘と城氏―」『福島史学研究』第七一号福島県史学会　二〇〇〇
長沼町史編纂委員会編『長沼町史　第二巻　資料編１』長沼町　一九九六
七海雅人編『東北の中世史２　鎌倉幕府と東北』吉川弘文館　二〇一五

中山雅弘『砂屋戸荒川館跡　館跡遺跡』いわき市教育委員会・(公財)いわき市教育文化事業団　二〇二四
布尾和史他『柏木城跡』北塩原村教育委員会　二〇二〇
浜中邦弘他『相国寺旧境内発掘調査報告書　今出川キャンパス整備に伴う掘調査　第4次〜第6次』同志社大学歴史資料館　二〇一五
古川一明他『多賀城跡　政庁跡　補遺編』宮城県教育委員会・宮城県多賀城跡調査研究所　二〇一〇
福嶋正和他『田鎖遺跡・田鎖館跡・田鎖車堂前遺跡　宮古西道路建設事業関連遺跡発掘調査』(公財)岩手県文化振興事業団埋蔵文化財センター　二〇二〇
藤原良章・飯村均他『中世の宿と町』高志書院　二〇〇七
福島県教育委員会『福島県の中世城館跡』福島県　一九八八
布施和洋『国史跡　聖寿寺館跡』南部町教育委員会　二〇二四
福島県文化振興事業団編『直江兼続と関ケ原―慶長五年の真相をさぐる―』戎光祥出版　二〇一四
松本茂他『東北横断自動車道遺跡調査報告15　木村館跡』福島県教育委員会・(財)福島県文化センター　一九九二
目黒吉明他『日本城郭大系3　山形・宮城・福島』新人物往来社　一九七八
村上祐次他『新井田館跡』宮城県南三陸町教育委員会　二〇一六
八重樫忠郎『北のつわものの都　平泉』新泉社　二〇一五
八重樫忠郎「平泉藤原氏の支配領域」『平泉の世界』高志書院　二〇〇二

山中雄志他『会津新宮城跡発掘調査報告書』福島県喜多方市教育委員会　二〇〇八
山崎信二『中世瓦の研究』雄山閣　二〇〇〇
吉田博行他『陣が峯城跡』福島県河沼郡会津坂下町教育委員会　二〇〇五
和田聡『鏡ノ町遺跡A』福島県耶麻郡塩川町教育委員会　一九九七

著者紹介

一九六〇年、栃木県に生まれる
一九九三年、学習院大学法学部卒
元(公財)福島県文化振興財団福島県文化センター副館長

〔主要共編著書〕
『図解・日本の中世遺跡』(東京大学出版会、二〇〇一年)
『中世奥羽のムラとマチ 考古学が描く列島史』(東京大学出版会、二〇〇九年)
『中世奥羽の考古学』(高志書院、二〇一五年)
『東北の名城を歩く』全二冊(共編、吉川弘文館、二〇一七年)
『続・東北の名城を歩く』全二冊(共編、吉川弘文館、二〇二一年)

歴史文化ライブラリー
612

よみがえる東北の城
考古学からみた中世城館

二〇二四年(令和六)十二月一日　第一刷発行

著　者　飯《いい》村《むら》　均《ひとし》
発行者　吉川道郎
発行所　株式会社　吉川弘文館
東京都文京区本郷七丁目二番八号
郵便番号一一三—〇〇三三
電話〇三—三八一三—九一五一〈代表〉
振替口座〇〇一〇〇—五—二四四
https://www.yoshikawa-k.co.jp/
印刷＝株式会社 平文社
製本＝ナショナル製本協同組合
装幀＝清水良洋・宮崎萌美

ISBN978-4-642-30612-6

歴史文化ライブラリー

1996. 10

刊行のことば

現今の日本および国際社会は、さまざまな面で大変動の時代を迎えておりますが、近づきつつある二十一世紀は人類史の到達点として、物質的な繁栄のみならず文化や自然・社会環境を謳歌できる平和な社会でなければなりません。しかしながら高度成長・技術革新にともなう急激な変貌は「自己本位な刹那主義」の風潮を生みだし、先人が築いてきた歴史や文化に学ぶ余裕もなく、いまだ明るい人類の将来が展望できていないようにも見えます。このような状況を踏まえ、よりよい二十一世紀社会を築くために、人類誕生から現在に至る「人類の遺産・教訓」としてのあらゆる分野の歴史と文化を「歴史文化ライブラリー」として刊行することといたしました。

小社は、安政四年（一八五七）の創業以来、一貫して歴史学を中心とした専門出版社として書籍を刊行しつづけてまいりました。その経験を生かし、学問成果にもとづいた本叢書を刊行し社会的要請に応えて行きたいと考えております。

現代は、マスメディアが発達した高度情報化社会といわれますが、私どもはあくまでも活字を主体とした出版こそ、ものの本質を考える基礎と信じ、本叢書をとおして社会に訴えてまいりたいと思います。これから生まれでる一冊一冊が、それぞれの読者を知的冒険の旅へと誘い、希望に満ちた人類の未来を構築する糧となれば幸いです。

吉川弘文館

歴史文化ライブラリー

考古学

タネをまく縄文人 最新科学が覆す農耕の起源――小畑弘己
イヌと縄文人 狩猟の相棒、神へのイケニエ――小宮 孟
顔の考古学 異形の精神史――設楽博己
〈新〉弥生時代 五〇〇年早かった水田稲作――藤尾慎一郎
弥生人はどこから来たのか 最新科学が解明する先史日本――藤尾慎一郎
文明に抗した弥生の人びと――寺前直人
青銅器が変えた弥生社会 東北アジアの交易ネットワーク――中村大介
樹木と暮らす古代人 木製品が語る弥生・古墳時代――樋上 昇
アクセサリーの考古学 倭と古代朝鮮の交渉史――高田貫太
古 墳――土生田純之
古墳を築く――一瀬和夫
東国から読み解く古墳時代――若狭 徹
東京の古墳を探る――松崎元樹
埋葬からみた古墳時代 女性・親族・王権――清家 章
鏡の古墳時代――下垣仁志
神と死者の考古学 古代のまつりと信仰――笹生 衛
土木技術の古代史――青木 敬
大極殿の誕生 古代天皇の象徴に迫る――重見 泰
国分寺の誕生 古代日本の国家プロジェクト――須田 勉
東大寺の考古学 よみがえる天平の大伽藍――鶴見泰寿
海底に眠る蒙古襲来 水中考古学の挑戦――池田榮史
よみがえる東北の城 考古学からみた中世城館――飯村 均
中世かわらけ物語 もっとも身近な日用品の考古学――中井淳史
ものがたる近世琉球 喫煙・園芸・豚飼育の考古学――石井龍太

文化史・誌

山寺立石寺 霊場の歴史と信仰――山口博之
神になった武士 平将門から西郷隆盛まで――高野信治
跋扈する怨霊 祟りと鎮魂の日本史――山田雄司
将門伝説の歴史――樋口州男
殺生と往生のあいだ 中世仏教と民衆生活――苅米一志
浦島太郎の日本史――三舟隆之
おみくじの歴史 神仏のお告げはなぜ詩歌なのか――平野多恵
〈ものまね〉の歴史 仏教・笑い・芸能――石井公成
スポーツの日本史 遊戯・芸能・武術――谷釜尋徳
戒名のはなし――藤井正雄
墓と葬送のゆくえ――森 謙二
運 慶 その人と芸術――副島弘道
ほとけを造った人びと 止利仏師から運慶・快慶まで――根立研介
祇園祭 祝祭の京都――川嶋將生

歴史文化ライブラリー

洛中洛外図屏風 つくられた〈京都〉を読み解く――小島道裕
化粧の日本史 美意識の移りかわり――山村博美
日本ファッションの一五〇〇年 明治から現代まで――平芳裕子
乱舞の中世 白拍子・乱拍子・猿楽――沖本幸子
神社の本殿 建築にみる神の空間――三浦正幸
古建築を復元する 過去と現在の架け橋――海野　聡
生きつづける民家 保存と再生の建築史――中村琢巳
大工道具の文明史 日本・中国・ヨーロッパの建築技術――渡邉　晶
苗字と名前の歴史――坂田　聡
日本人の姓・苗字・名前 人名に刻まれた歴史――大藤　修
アイヌ語地名の歴史――児島恭子
日本料理の歴史――熊倉功夫
日本の味　醤油の歴史――林　玲子・天野雅敏編
中世の喫茶文化 儀礼の茶から「茶の湯」へ――橋本素子
香道の文化史――本間洋子
天皇の音楽史 古代・中世の帝王学――豊永聡美
話し言葉の日本史――野村剛史
ガラスの来た道 古代ユーラシアをつなぐ輝き――小寺智津子
鋳物と職人の文化史 小倉鋳物師と琉球の鐘――松井和幸・新郷英弘
たたら製鉄の歴史――角田徳幸
金属が語る日本史 銭貨・日本刀・鉄炮――齋藤　努
名物刀剣 武器・美・権威――酒井元樹
賃金の日本史 仕事と暮らしの一五〇〇年――高島正憲
書物と権力 中世文化の政治学――前田雅之
気候適応の日本史 人新世をのりこえる視点――中塚　武
災害復興の日本史――安田政彦

各冊一七〇〇円～二一〇〇円（いずれも税別）
▽残部僅少の書目も掲載してあります。品切の節はご容赦下さい。
▽書目の一部は電子書籍、オンデマンド版もございます。詳しくは出版図書目録、または小社ホームページをご覧下さい。